優渥叢書 暢銷限定版

U0079635

回話的態度

爭執、回答不清，是因為「太熟」，還是不經思考的「壞習慣」

櫻井弘◎著 林佑純◎譯

相手の心をグッとつかむ話し方

CONTENTS

第二章

最高明的答話境界，是傾聽！

CONTENTS

第四章

改變你NG的回話態度，就能讓危機變轉機 171

CONTENTS

前言

體貼多一點，一開口就能擄獲人心！

首先，感謝你拿起本書閱讀，我是「談話研究所」的所長櫻井弘。本書介紹能在談話中確實擄獲人心的技巧，任何人只要熟練這些技巧，都能輕鬆地提出請求，或自在地融入團體。很多人可能會懷疑，有這麼容易做到嗎？

在你身邊，是不是有些人特別受歡迎、被許多人信賴，總是讓人很難拒絕他們的請求？試著觀察那些人的說話方式，你會發現他們沒有特別伶牙俐齒，用字遣詞似乎也跟一般人沒什麼不同。可是，為什麼他們能夠用話語打動人心呢？

其中的祕訣就在於「傳達想法的方式」。舉例來說，我拿著一本書對你說：「我推薦你看看這本書！」當你收下這本書，是否會在心裡猶豫該不該花時間看完呢？

我換個說法，在以下這句話的〇〇部分，填上你的名字：「正因為是〇〇，我才特別想推薦這本書！」當你聽到這句話，是不是開始對書中內容產生好奇？

像這樣稍微改變一下講話的方式，更能將自己的想法傳達給對方。擅長在談話中擄獲人心的人，經常自然而然使用這種「將想法確實送進對方心坎」的說話方式。

也就是說，學會這些技巧，便能用話語打動人心，並且可能受到眾人愛喜，甚至得到更多的幫助。無論在工作或人生道路上，希望本書提供的談話技巧，能確實化為你實現夢想的助力。

NOTE

序章

回話的態度，決定你給他人的觀感

「太熟了」而忘記分寸，讓對方反感嗎？

▼要打動人心得先學會體貼

能幹機伶的人最大的共通點是什麼？那就是積極使用讓談話對象高興、覺得溫暖的話。這種貼心的談話方式，是擄獲人心的關鍵之一。

舉例來說，當對方的談話內容實在是難以理解時，你可以這樣說：

「聽到了很多精采的東西，真是獲益良多。我想確認一下內容，可以再講一次重點部分嗎？」

「如果可以的話，能重複一次重點的部分嗎？」

對方聽到這樣的說法，覺得你對談話內容感興趣，多半會高興地回答：「這樣啊，我再整理一下重點……」，並換個方式敘述想表現的內容。

更加機伶的人在聽到對方分享經驗時，可能會這樣接話：

「也就是說，是……吧。」

「簡單來說，就是……嗎？」

他自己主動整理談話內容，並向對方確認自己的理解是否正確，會讓方感到欣慰、驚喜：「喔！這個人真的認真在聽我說話」、「理解力真不錯呢」，而對他留下良好的印象。這樣的談話技巧，來自「真心為他人設想」的心意，也就是本書想傳達的**擄獲人心的話術重點**。

提到「貼心」，大部分人會先想到心靈上的關懷，或認為這是人與人之間的情緒傳達方式，但這其實是談話能力的重要基礎。也就是說，察覺對方的心情，站在對方的立場進行對話，是邁向成功與幸福人生的重要訣竅。

「省話」造成對方誤解嗎？

▼清楚回答才能討得上司歡心

在公司裡，你能否在幾句簡單對話中擄獲人心，將影響上司對你的印象或評價。請看看左頁的短篇漫畫，這是懂得討上司歡心的部屬案例。我們可以由此得知，「能否察覺對方話中的涵義」，會讓雙方談話的走向出現很大落差。

不過，另一位部屬的反應，對一般人而言，並不會很難想像。當上司主動提到：「聽說明天的降雨機率有八〇%耶！」其實是省略後面「明天要記得帶傘」的結論。雖然沒把話說完的上司應負擔部分責任，但可惜的是，公司這類組織就是充滿這樣的省略對話。這時候，考驗著你能否察覺對方的意圖，並且順著他的意回話。

另一方面，請試著轉換立場，用上司的觀點來思考。對於像漫畫中察覺不到上司話中涵義的部屬，如果上司有以下的想法：「下次在應對客戶時，會不會出差錯呢？」也是無可厚非。

再舉個例子，如果你是上司，想吩咐部屬：「再次評估剛提交的企劃案」，你會怎麼開口呢？其中的祕訣，請詳見第三章。

對方說錯時，要如何建議才不會惹人嫌？

▼用「疑問句」回答，就能柔軟許多

我舉個講師在研修課程時出錯的例子。在漫畫中，某位學員做出兩種不同的反應，你看得出其中最大的差異嗎？

這兩者最大的差異在於，學員直接用「那是黑筆吧」的否定句，點出講師的錯誤，以及用「那是藍筆嗎」的疑問句反問講師。

人一旦被否定，就必須表示歉意，說出正確答案，但如果被反問，只要重新回答就可以了。在後者的提點下，講師會察覺自己的錯誤，但不會放在心上，能夠繼續講授課程。

鼓起勇氣點出他人的錯誤，在工作上是非常重要的一環。但是，當說話一再被糾正，甚至需要向對方道歉時，多少會感到尷尬或不快。畢竟，大多數人都希望與交談起來輕鬆愉快的人相處。

因此，當不特意點出他人的錯誤，也不會造成什麼影響時，選擇不說出口，

也是對對方的一種體貼。第四章中，將詳細介紹這類能輕鬆與他人溝通的談話技巧。

你個性直率，但你知道已踩到地雷了嗎？
▼其實回答時，只要多加一段「前言」就行了！

當上司要求部屬提出自己的意見時，部屬的應對方式往往令人頭痛。有些人一聽到上司主動表示：「你想說什麼就放膽說！」就直接把心裡的話毫不修飾地全盤托出。

近年來在職場上，跨越年齡與職務的溝通機會，有逐漸增加的趨勢。在這種情況下，若是沒有察覺到對方真正的想法，很容易會踩到地雷，導致重大失敗。請看看左邊的漫畫，上司會那麼生氣也是理所當然。

但有些部屬就算「放膽說出自己的意見」，也能成功抓住上司的心，甚至獲得優秀的工作評價。這些人究竟選擇了什麼樣的說法呢？

「這樣說可能有些冒昧，還請您多多見諒……。」

「希望您不要誤會，我反對這件事情，是因為……。」

其實，他們只是多加一段前言而已。本書的第一章到第二章，將以這類話術與傾聽術為主，傳授能掌握對方心理的基礎談話技巧。

電子郵件或通訊軟體打錯字還好吧？那可不！

▼對回信對象和禮貌得多份心思，人脈才能加分

這幾年，資訊科技的發展改變人際互動的模式，人們大多仰賴電子郵件或通訊軟體聯繫，較少使用電話聯絡。然而，正因為身在如此便利的時代，體貼他人更顯得必要。像左邊漫畫中的狀況，隨時可能會在日常生活中發生。

在這個案例中，忙到「忘記回信」的受邀者，因為邀請者的體貼，以一通電話化解尷尬的狀況。如果邀請者沒有打那通電話，又會如何呢？沒有出席的受邀者很可能自責或懊悔，甚至影響雙方的關係。

這類因為陰錯陽差而產生摩擦，最後分道揚鑣造成的人脈損失，在日常生活中可說是屢見不鮮。因此，我將在第五章介紹，能讓你不再為人際關係煩惱的話術。

以上大略介紹本書的部分內容，從下一章開始，將正式介紹相關的談話技巧，與迅速擄獲人心的訣竅。只要在生活中活用，必定會為你往後的人生帶來重大影響，不僅能防止社會中人際關係的摩擦，也能如願締造嶄新的緣分。

你讀過本書並實際嘗試後，一定會感到驚訝：「原來一句話就能改變自己給人的印象，甚至改變人生。」請帶著期待的心情，翻開進化的第一頁！

第一章

第一次見面，一定要學的答話技巧

初次見面的客套話，是拍到馬屁還是馬腿？

常見狀況

A：「真漂亮的大樓！不愧是S社長經營的公司。」

S社長：「喔，對呀。我們公司從很久以前就搬到這裡了。」

體貼回答

這是拜訪一家公司社長時常用的客套話。為了不使彼此的對話從一開始就冷場，或許應該這麼說：

B：「員工的素養真不錯，不愧是S社長經營的公司。」

你覺得A與B的說法，哪一種比較能夠打動社長的心呢？

當然，實際的情況各有不同，A針對繼承過去社長的建築表示讚賞，而B則肯定社長現在的管理風格及組織現況。哪一種稱讚方式，會讓人覺得「這個人觀察得好仔細、真有心」呢？答案其實相當明顯。

但是，大多數人只會就簡單的第一印象，說出像A那種較為表面的客套話，很可能因此澆熄對方原有的熱忱。

把握建立「友好關係」的機會

其實，我也沒資格說別人。先前去一個公家機關開研討會時，我看著當地的景色，對接待人員脫口而出：「〇〇河真美啊。」話才剛說完，對方就回答：「不過那條河已經不屬於我們這個市了，真可惜。」

原本是想讓對方高興，沒想到反而讓氣氛變得尷尬。若是在事前先稍微調查過，就可以盡量避免這種狀況發生。留意人與人相處的細節，能夠成為與對方建立友好關係的契機。否則在日常生活中，我們很容易會因為一時的疏忽，脫口說出令他人感到不快的話語。

這邊再分享另一個發生在我身上的例子。前陣子，我在跟妻子和母親聊天時，無意間提到一位知名演員因為心肌梗塞不幸過世的新聞。才剛說完，我發現身旁的妻子臉色頓時一沉。（糟糕！我想起岳母患有多年心臟疾病，幾天前才去醫院做檢查。）

雖然這是一個發生在一般家庭中的例子，但其實無論在什麼場合，與身體健康有關的話題，都有點敏感。難免因為無心之言，造成一些不必要的誤會。因此，平時就該體貼談話對象，在發言前思考一下：「這句話會讓對方感到不愉快嗎？」

我們都認為「在別人有困難時伸出援手」是一種體貼的行為，但事實上「在別人沒有困難時，也為對方著想」才是真正的體貼。要發揮體貼真正的意義，必須改變平常「思考模式＝自我意識」的習慣。接下來，我將詳細介紹能夠自然而然產生體貼想法的「六種思考模式」。

思考6種回答法，突破接不下話的瓶頸

常見狀況

課長：「欸，下個活動的預定行程是什麼？」
部屬：「會議紀錄放在那邊的書架。」
課長：「我當然知道啊，只是覺得問你比較快。」

體貼回答

這種時候，應該進一步回應課長的期待，比較容易獲得上司的好評：
「請等一下，我去確認會議紀錄後再向您報告。」

① 換位思考：不要以自我為中心

在這個常見狀況中，從部屬的角度來說，確實是回答了課長提出的問題。只是課長的這個問題，其實暗示著「要部屬向他說明預定行程」。這種情況在職場上層出不窮，因為每個人期待得到的答案，與對方實際回答的內容常常有落差。你是不是曾有類似的經驗呢？

再舉個例子，當上司主動問：「那件工作進行得怎麼樣了？」其實不只是確認進度，也期望有些進展，甚至有時帶有催促之意。

「A公司的新產品，你覺得怎麼樣？」如果同事這樣問，他可能想知道你的意見或感覺，但如果上司提出這個問題，他想聽到的不會只是單純的感想，而可能是對商品的分析，或是與自家產品比較後的獨到見解。

同一句話，說話的立場不同，背後隱藏的涵義就會有很大的差距。「將自己與對方的立場對換，試著思考對方的感受」，就叫做**換位思考**。

常見狀況

有個小朋友被派去買兩個檸檬蛋糕。在他獨自到了麵包店後……

小朋友：「請給我檸檬蛋糕！」

店員：「你要幾個？」（日文中，這句話也有詢問「你幾歲？」的意思。）

小朋友：「四歲！」

體貼回答

如果你是店員，該怎麼化解這雞同鴨講的窘境呢？

店員：「這樣啊，你四歲了！那你想買幾個檸檬蛋糕呢？」

小朋友：「兩個！」

★如何培養「換位思考」的能力？

以上的例子來自日本的熱門親子節目《我家寶貝大冒險》，這個節目會全程拍攝小朋友第一次被派去「跑腿」的逗趣反應，以及精彩過程。其實，不能責怪小朋友會錯意，因為這個年紀的孩童聽到這個問句，大部分都會覺得是在問他：「今年幾歲了？」

試著在對話中暫停一下，在回答問題之前，先想想**「如果我站在對方的立場，會有什麼感覺？」**只要意識到對方的感受，自然而然會察覺一些問題：「這種說法好像不夠明確？」「光是這樣解釋，對方聽不太懂好像也是理所當然。」

如果以「對方能了解」的明確話語，來傳達自己的意思，即使是無法完全理解詞彙意思的小孩，也能夠正確掌握對話重點。這一點完全適用於大人之間的對話。

常見狀況

你：「請問這次的提案，您覺得如何？」

客戶：「嗯……我們公司可能沒辦法接受這個案子。」

體貼回答

若你的提案遭到客戶反對，情緒上來前請先推論對方可能擔心的問題點：

「我想，這個提案可能有些部分不合您的意。不過，請問您是顧慮〇〇方面的問題嗎？如果是這樣，我有個理想的解決方法！」

如果這樣說，談話的風向就會開始改變，並可能產生轉機。不論情況是店員沒辦法向客人詳細解說商品內容，上司無法順利將工作交辦給部屬，或是專家的意見讓人有聽沒有懂，往往令試圖傳達的一方感到焦急，但其實只是因為沒能站在別人立場想該如何表達，也就是欠缺換位思考所導致。

常見狀況

A：「這個事業的市場規模展望如何？」

B：「可以告訴我這個事業的發展性嗎？」

體貼回答

A與B哪一方的說法比較正確呢？這個問題其實沒有正確答案，不過談話對象如果是年紀較長的人，可能無法完全理解A的意思。注意下列幾個句子，就能輕鬆培養出「換話思考」的習慣：

「換句話說，就是……」

「也就是說，……對吧？」

「如果要舉例，就是……」

②換話思考：溝通務必淺顯易懂

其他還有像是把「處變不驚」說成「淡定」，「失敗者」（loser）簡化成「魯蛇」等，由網路流行語衍生出的許多用詞，都有可能造成溝通不良。

不過，這裡不是要討論這些用語是否合宜。在談話中，聽你說話的那方，會因為你能否依據狀況與場合選用適當句子應對，來決定對你的印象。因此，培養隨著對象轉換用詞的習慣，也是談話技巧中的重要關鍵之一。

在研修課程講課時，我也經常使用這類句子，因為課堂上得面對不同世代與不同職業的人，在講台上說出的話，不見得每個人都能完全理解。請試著養成在把話說出口以前，先**換話思考**的習慣。

常見狀況

「欸，那件事進行得怎麼樣了？」
「上禮拜我交待你的那項工作，有進展了嗎？」

體貼回答

你是否曾被突然冒出的「這個那個」搞得一頭霧水？試著換個說法：
「上禮拜我交待過要跟A公司更改會議日期，沒問題吧？」

★「那個」是指什麼？

這樣的對話在職場上不算少見，但旁人聽到，會搞不清楚到底是指哪一件事。

許多人都有類似的盲點，覺得自己說的話不會很難懂，卻不自覺地說出一些只有內行人才聽得懂的用語。因此，在職場上與同事對話時，即使覺得對方應該知道，也要盡可能避免用模糊的代名詞談論公事。

尤其在與新人或從其他部門調過來的同事溝通時，更要特別注意，以免對方誤解工作內容，造成無可挽回的錯誤。為了防止這些情況發生，最有效的方法就是採取換話思考來溝通應對。

每個人對話語的理解程度不同，但透過換話思考，就能將你的想法確實傳達給對方。因此，平常就要有自覺：別人的思考模式與自己不同，要將說出口的話轉換成簡明易懂的語句。我再舉幾個相關的例子。

- 如果要向別人解釋什麼是「平板電腦」，你會怎麼說明？
- 要具體說明「右邊」是那一邊時，你會怎麼形容？

這兩個例子，是我在研修課程中向學員提出的問題。有時候，即使換個說法，如果沒有掌握換話訣竅，對方不一定聽得懂。因此在說明時，必須不時溝通與確認，以掌握對方理解的程度。

解釋「平板電腦」是什麼時，我們可以先提出一些重點，例如：「類似智慧型手機的3C產品，只是沒有內建通話功能。體積輕薄、攜帶方便，螢幕尺寸也比智慧型手機來得大，不管是用來上網或其他操作都相當方便。」如果這樣說，對方還是一知半解，可以再追加更具體的說明：「類似電腦螢幕，不過就像捷運售票機那樣，可以直接用觸控的方式操作。」

要說明「右邊」時，如果直接說「拿筷子的那一隻手」，左撇子可能會完全搞錯方向。所以可以舉時鐘為例，解釋成「從十二點往三點的方向」。

在這世上，每個人都有一套自己的想法。因此，絕對沒有什麼能夠通用於每個人的「全能話術」。用A說法嘗試讓對方了解，失敗了只好再換B說法試試看。重要的是，要抱持著願意為對方思考，並尋找出更好溝通方式的心態。只要在對話中，保持為他人著想的**換話意識**，不管談話對象是誰，都能達成良好且雙贏的溝通。

避免產生誤會的「換話」實例

大約下禮拜	在下禮拜三（〇〇日）之前
稍後	十分鐘後
走一段路	直走大約兩公里
在〇〇站西出口	在〇〇站，△△百貨那邊的出口
那份資料	那份要寄給 A 公司的提案資料
高樓大廈	二十層樓的紅色大廈

Change ➡ Chance

「換句話說」，
能為你造就更多的「機會」！

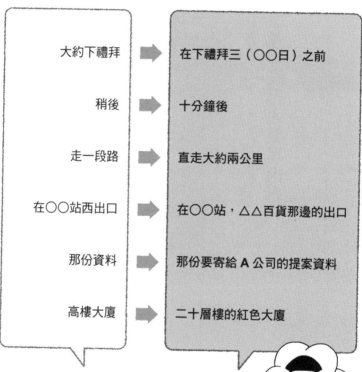

常見狀況

「今天我帶來很精采的內容跟大家分享。我大學的時候……我朋友……最近在社會上……。」

體貼回答

資訊好多好混亂，試試談話技巧中經常出現的「三點話術」：

「解釋得花上不少時間，簡單來說，我要強調的是以下三點。第一，……。第二，……。最後則是……。」

③重點思考：條列式整理內容

最近學術界的研究指出：「人的短期記憶，只能記住七個數字、六個文字、五個單字。」不過，若是希望對方確實記住談話的重點，簡化為三個最有效。

在報告或提案的時候，如果能夠以三點來總結，不但有助於他人理解，也可以給人「這個人講話很有邏輯」、「真是貼心」的良好印象。若你是接收資訊的人，為了加強對談話內容的理解，也可以將這個技巧用來向對方再次確認內容。

常見狀況

「所謂的……就是……也是……其實是……。」

「簡單來說，重點是？」

體貼回答

「聽到了很多精采的東西，實在是獲益良多。我想確認一下剛剛講的內容，可以再重複一次有哪些重點嗎？」

「剛才您提到的內容，有些部分比較困難，可以幫忙整理一下重點嗎？」

但是，如果毫無修飾地直言，會像在質疑說話者的談話技巧，甚至使對方感到不悅，對你留下負面印象。以謙虛的口吻請對方列出重點，不僅能表示對說話者的肯定，也能達到你想確認談話內容的目標。

常見狀況

講者長篇大論，但很難抓到重點。
聽眾沒有反應，不確定有沒有聽懂。

體貼回答

這時候，可以善用以下句子解決問題：

① 當你是傾聽者

「我確認一下，重點在於……是不是？」
「我想趁著還有印象時整理一下。總之就是……，我可以這樣解釋嗎？」

體貼回答

②當你是說話者

「聽到這裡，大家有什麼問題嗎？」

「我再整理一下前面的重點……。」

「我們簡單複習一下重點吧？」

若狀況允許，可以省去請對方列出重點的步驟，自己主動整理出談話內容的重點，再向對方確認。這可以讓說話者感受到你認真傾聽的態度，大幅提升對你的印象分數。

「整理」談話內容的判斷標準

1 確認前提條件後，進行整理

如果以○○為前提來過濾人選……

2 善用5W1H，進一步確認

期限是什麼時候，內容是什麼，
由誰來執行？

3 確認其中的共通點，得出結論

總之，跟○○的共通點在於……。

4 具體確認及整理

具體來說，有兩個原因造成阻礙……。

5 判斷優先順序

有三個重點需要優先處理……。

常見狀況

A：「很可惜，貴公司這次的提案，我們公司實在無法採用。」
B：「這樣啊……想了解一下，要具備什麼條件，貴公司才會願意考慮這次的提案呢？」
A：「其實，已跟其他公司簽訂這個案子的合約了。」
B：「真的不能再考慮一下嗎？」
A：「……。」

體貼回答

什麼樣的說話技巧，才能為談話帶來不同轉機呢？
B：「那麼，請問貴公司與那家公司的合約，大概持續到什麼時候呢？」
A：「大概在兩個月以後，到時候我們會重新考慮合作公司。」
B：「我了解了。屆時我再提出企劃案，也請您不吝指教。」

④假設思考：模擬所有對話的可能性

很多人在一開始被回絕時，就會失望地打道回府。有的人甚至會因為種種工作壓力，再三請求對方多考慮一下，但人與人之間的溝通往往無法這麼順利。

商場的交涉，我們常會認為自己的提案對客戶很有利，強調「這樣做絕對有好處」、「一定沒有比我們更好的提案」，卻忽略對方的真正需求。

在被回絕時，靜下心來細想：**「如果給對方○○的條件，情況會改變嗎？」**這樣的思考模式，就是我在這個小節要介紹的**假設思考**。

開的金額再低一點，對方會比較容易接受嗎？提供免費售後服務？合約期間再縮短一點會比較好嗎？從各個角度提出假設，整理過後再向對方依序提出。這麼做不僅能為雙方帶來新的機會，也能夠體恤對方立場，促成更好的合作關係。

我曾問過一位頂尖業務員：**「客戶願意簽約的關鍵是什麼？」**他表示，必須先用心聆聽客戶的狀況，從中找出對方可能感興趣的選項。那可能是時間，也可能是金錢，每位客戶的需求都不盡相同。

積極的誘導詢問，與消極的問話試探，都可能改變對方的想法。不變的是，最後必須加強力道，表現出「為了實現對方的期望，自己或自家公司產品，能提供什麼樣的協助及改變」。

當然，業務員只是引導客戶表達希望，而說出想法或期望的則是客戶本身。像這樣為他人提出假設，而不是將自身立場放在第一位，才可以成功找出自己能為對方做到的事，順利達成簽約目標。

常見狀況

上司：「我知道這附近有一家很不錯的餐廳，中午一起吃飯吧？」
部屬：「呃，吃飯啊……。」

體貼回答

如果你是這位部屬的上司，看到對方的反應，你會怎麼想呢？若你想當一位體貼的上司，又該怎麼接話呢？

「難得有這個時間，偶爾一起悠閒吃頓飯也不錯啊。今天由我請客，你就別操這個心啦。」

★消極反應的背後原因？

許多人第一時間可能會覺得：「這傢伙真是不上道！」接下來我們以前述的假

設思考來進一步分析：「為什麼部屬的反應會這麼消極呢？」「要怎麼問，他才不會這樣回答？」

其實，這位部屬前一陣子才得知妻子懷孕。由於剛進這家公司，經濟方面已經有些吃緊，現在更是為了即將出世的孩子，努力過著省錢的節約生活。而且，上司這樣特別推薦的餐廳，感覺上屬於中高價位。所以，這位部屬應該是擔心餐點價格吧？我們可以初步提出這樣的假設。

上司就算不知道這位部屬妻子懷孕的事，光從自己的職位及薪水與部屬之間的差距來思考，也很容易想像得到對方猶豫的原因。

有時候，只要能稍微考慮對方的立場，多說一兩句貼心的話，別人對你的信任與評價就會倍增，並且迅速拉近雙方的距離。

試探出別人「真心話」的方法

1. 靜待一段時間，拉開雙方距離後重新檢視。
2. 從多面向觀點來檢討策略。
3. 製造一些意外，有時能看出對方的本性。
4. 說一些能動搖對方的話，引導他說出真心話。
5. 故意唱反調，觀察對方的反應。

常見狀況

部屬：「這次的企劃案，我實在沒有自信能做出成績。」

學員：「我只要在眾人面前說話，就會緊張得不得了，好像心臟快要跳出來了。」

體貼回答

當對方忍不住說出洩氣話時，該怎麼回應呢？

上司：「還沒開始就說喪氣話，這真是不像你啊。總之，不要去想結果，盡全力做了再說！」

老師：「說幾句話不會少塊肉！凡事都需要經驗嘛。」

⑤減責思考：減輕對方的心理負擔

減責思考就是以慰勞、安撫的話，減輕對方負擔的思考模式。在研修課程中，我與學員常出現類似的對話。

至於其他例子，像是「跟大自然相比，人類很渺小」、「又不是犯下會被公司開除的大錯」、「跟之前辛苦的時候比起來，這根本算不了什麼」。

某位小說家也曾經表示：「從飛機觀景窗望向熟悉的城市時，才瞬間覺得自己心中的煩惱與整個世界比起來，根本微不足道。」

利用對照組讓視野更遼闊，或是提出過去的成功體驗，都有助於對方減輕心理負擔。此外，分享自己的見解，也能幫助他人**察覺**可能忽略的小細節。這些都是減責思考帶來的正面效益，請根據狀況善用減責思考，適度緩和對方的情緒。

減輕他人負擔的談話應對模式

- 當對方顯得忙碌、焦急時

這個案子，下禮拜再交應該也可以吧？
（減輕時間上的負擔）

- 當對方因為害怕失敗，而遲遲無法行動時

你儘管放手去做，責任由我來擔！
（減輕責任上的負擔）

- 當對方負責的業務滿檔時

十個任務裡面，你先完成這兩個就好！
（減輕任務質與量的負擔）

常見狀況

開會主持人滔滔不絕，沒完沒了。

與會者：「到底要講到什麼時候啊……。」

體貼回答

想紓解緊張感、緩和現場氣氛，或是減輕談話對象的心理負擔，試著先為話題設下「階段」，降低談話難度。

「今天，我們先將目前討論的事做個了結吧。」

「我先就這一點進行說明。」

「大家對彼此還不太熟，我們先從自我介紹開始吧。」

⑥階段性思考：談話得循序漸進

這是階段性思考所營造出的談話模式。

在談公事時，很多人可能習慣從結論說起。不過，如果跟他人是第一次見面，往往很難從幾句話推敲出對方的喜好和想法。舉例來說，我跟初次見面的人打招呼時，會先搬出一套詳細的自我介紹，或是主動表示自己對最近的工作現況及某些流行議題興趣缺缺。

因為在建立起良好的互信關係前，貿然表達自己的看法或結論，談話很有可能無法順利進行，所以何不在一開始，就讓對方知道自己的相關資訊及想法呢？這有助於雙方以最快的速度了解彼此的個性，並且敞開心胸地交流意見與想法，也能有效預防之後可能產生的各種問題或誤會。

最近許多人在談公事時，似乎習慣馬上切入正題。不過，如果先以聊天的方式試探、了解對方，對於推展後續話題也很有幫助。

常見狀況

講者自顧自地講了一個小時，完全沒有理會台下反應。
聽眾心想：「這個人說的話好難懂！」

體貼回答

別讓聽眾因為你的長篇大論而恍神，反倒錯過你精心準備的精采內容！試著在中途停頓一下，確認聽眾的反應與狀態。
「以上介紹的內容，是否有什麼難以理解之處？」
「剛才我說的那件事，大家覺得怎麼樣？」
「大家對於剛剛的內容，有什麼疑問嗎？」

★要怎麼做，才能讓別人專心聽自己說話？

這些說法都是在向他人說明或介紹時，確認對方理解程度的提問方法。有些講者在演講時，會把自己想講的話一口氣說完。但就算內容再有道理，聽眾也會因為長時間聆聽而心生厭倦，到後來幾乎不會對一開始的演講內容有印象。就算內容再怎麼出色，也只會讓人覺得講者說的話很難懂，這不是很可惜的事嗎？

所以，在表達意見時，必須考量「談話對象是否能充分理解自己說的話」、「講話的速度會不會太快或太慢」。無論什麼時候，都應該設身處地為他人著想。

①先提出最重要的主張。

②接下來對此進行說明，直到對方表示理解。

③歸納出重點結論，補充說明對方感興趣的部分。

「對方也能理解」的說話方式

像這樣將自己想表達的事物細分成幾個階段，就能夠一邊確認對方的想法，一邊逐步傳達自己的主張。如此一來，就算是比較艱深難懂的話題，也能有效減輕對方的負擔，讓他對主題產生興趣。

擅長說話的人在指導他人時，也會從雙向溝通的角度去思考，同時交換彼此的意見。相反地，不擅長談話的人，容易把演講當作傳授知識的機會，因此單方面提出自己的看法，時間一長，很容易給人「講話很冗長、無趣」的負面印象。

善用7項重點，讓你的回答很有力

在前面的章節中，介紹了能夠掌握人心的「六種思考模式」，而思考模式要完全發揮在談話能力上，需要特別留意「七大重點」。如果兩者並用，無論多困難的談話，都能夠迎刃而解。

①回答前審慎思考，避免越扯越遠

談話氣氛熱烈的時候，有些人容易因為急於表達自己內心的想法，而單方面地說個不停。但是，這樣就偏離了原本談話的目標，有時導致場面混亂，最後無法整理出談話的重點和結論。

如果是閒聊倒還無傷大雅，但若是在開會或討論公事時，模糊了談話焦點，那就難以圓場了。

有時為了鼓勵在場的人發言，上司可能會說：「想到什麼就講什麼，沒關係！」不過，假如發言沒有經過審慎思考而偏離主題，很可能會擾亂談話方向，最糟糕的結果，就是讓整場會議毫無結論。

因此，必須隨時思考「這場談話的目標是什麼？」當談話方向突然改變，也可以稍微提醒在場的人，回歸原本的重點。

②用「我們」取代「你們」，拉近彼此距離

在研修課程中，即便面對一群剛進公司的菜鳥員工，當我在稱呼全體時，不會用「你們」、「各位」，而是會以**「我們」**、**「大家」**來取代。因為就算立場上有所不同，「我們」這個詞會讓人產生一種共有感，迅速拉近彼此的距離。

當你隱約感到與談話對象之間有距離，請看準時機使用「我們」這個詞，將發

現意想不到的驚人效果。

③親自拜訪，比電子郵件更讓人感受體貼

所謂「活用地點或場合的優勢」，是指**先思考：**「哪裡比較適合談這件事？」或是「現在這個場合適合直接開口嗎？」

在交涉談判時，大多數人都認為，在自己的公司或習慣的地方比較有利，也就是所謂的「主場優勢」。但如果反向操作，主動前往對方的主場，通常會讓對方有親切感，容易放下心防與你談話。這樣的體貼舉動，正是使後續談話成功的關鍵之一。

在話術研究所，之前有位講師會的幹部即將卸任，他在離開前，主動舉薦一位理想的接班人，希望說服對方來任職。那位幹部雖然年事已高，仍然親自前往郊外，拜訪自己十分看好的接班人。據說，當時對方表示：「既然您都特地來到這裡，我也難以推辭。」

如同這個實例，有時候反向活用地點的優勢，會成為說服對方的重要籌碼。因此，**想提出請求或拜託別人做事時，看準時機、主動改變談話地點**，有時會達到事半功倍的效果。

④批評時，留意開口時機

當你正為所屬的企劃小組成功完成一個案子而欣喜不已，與組員一起計畫舉辦慶功宴時，卻好巧不巧地，被上司叫過去唸了一頓。這時候你心裡會有什麼樣的感受呢？大多數人可能覺得：上司就算說得很有道理，也不用在這個時候煞風景吧？

其實，上司如果有什麼建議或不滿意的地方，可以在之後開會討論時提出。挑部屬正在討論慶功宴的時候提起，容易被視為「不會看臉色」，可能造成反效果。就算提出工作上的建議，部屬也難以接受。尤其在叮囑或批判他人時，更得多加留意**「現在是說這件事的時機嗎？」**

⑤先釐清思緒，答話才有條理

為了將想表達的話確實傳達給對方，在說話前，**先在腦海中整理一遍**是非常重要的步驟。要整理歸納出想說的話，可以用「起承轉合」等許多方式，其中最簡單且具效果的，是**依照時間的先後排序，有條有理地表達**。這種方式能夠讓聆聽者隨著時序，共同經歷你的體驗，進而產生共鳴。

此外，**要表達已有結論的事情時，基本上應該從最重要的事項開始說明**。這樣有助於對方掌握談話重點，能夠比較有效率地消化並理解整體內容。在進行工作報告或會議簡報時，這種方法特別有效。

⑥適當停頓，別滔滔不絕表達

姑且不論工作上的聯絡事項，在日常生活中，總是理性提出自己的想法、自有一套道理的人，容易讓人覺得無趣、難以溝通。有時在談話中，加入一些情緒的表現，或是以輕鬆詼諧的語氣陳述自己的想法，對聽者而言，也是一種表達體貼的話術。在研修講師當中，口才特別好的人通常善於**情感表現**，其中以女性講師居多。

「會讓人覺得，咦？怎麼會這樣？」
「你一定心想：『這下完蛋了！』對不對？」

在演講或表達自己意見時，夾雜這類日常對話也會用的語句，能讓聽者產生一定程度的共鳴。更高段的活用法就是故意停頓，在談話中製造一些空檔。

講話總是滔滔不絕、毫無間斷，有時會讓聽者產生距離感。偶爾停頓一下，或是夾雜輕鬆的口氣，可以讓人覺得有人情味、容易親近。然而，輕鬆過了頭，或是玩笑開得太過火，則會讓人質疑你的專業。因此，必須根據時機、對象及內容，進行細微調整。

⑦考慮是否熟識，否則別輕易表達負面情緒

當你聽到跟你不熟的人講出以下兩句話，心裡會怎麼想呢？

「遇到那種狀況，根本無計可施啊。」

「我已經很努力了。」

當表達這種個人心情時，若跟對方沒有一定的熟識度，或是彼此的了解並不深，聽起來可能像是在逃避責任與尋找藉口。

對於這類私人話題，還是找「一直知道你很努力，並跟你站在同一陣線」的對象傾訴比較好。因此，在發言之前，要先想清楚自己與對方的交情大概達到哪個程度。

此外，想表達自己的感受時，還要確認對方與自己的差異性，例如：年齡、文化、產業，因為這些都可能導致觀點和想法的差距。

到這裡，我們已經充分了解六種思考模式與七大重點的內容。透過跟許多人的對話，試著摸索用哪種組合才能成功抓住對方的心，並享受人際溝通所帶來的樂趣。

跟任何人都能順利溝通的 6 種思考模式

☑ **換位思考**　**將自己與對方的立場對換**
「如果我站在對方的立場，會有什麼感覺？」

☑ **換話思考**　**選擇容易理解的溝通語句**
「換句話說，就是……」

☑ **重點思考**　**整理談話內容**
「總之就是……」、「也就是說……」

☑ **假設思考**　**拓展談話的可能性**
「如果給對方〇〇〇的條件，情況會改變嗎？」

☑ **減責思考**　**減輕對方的負擔**
「跟大海相比，人類多渺小呀。」
「跟之前辛苦的時候比起來，這根本不算什麼。」

☑ **階段性思考**　**循序漸進地進行談話**
「我們先針對這點進行討論。」
「今天大概先講到這裡。」

提升談話能力的 7 大重點

重點1　意識到目標

隨時意識「談話的目標是什麼？」

重點2　消弭立場的差異

使用「我們」這類的代名詞，縮短雙方的距離。

重點3　活用地點優勢

看準時機，主動改變談話的地點。

重點4　慎選時機

留意「現在是說這件事的時機嗎？」

重點5　先釐清思緒

在腦海中整理要說的話，依據時間的先後順序、事情的重要程度開始說明。

重點6　在談話中製造空隙

加入適當的情感表現，在談話中適時停頓。

重點7　考慮自己與對方的交情

考量與對方的熟識度，選擇適切的話題。

第二章

最高明的答話境界，是傾聽！

擄獲人心的「傾聽法」

- 不停點頭表示認同，不隨便插嘴。
- 不否定對方，不打斷對方說話。

這是聽別人說話時，必須遵守的兩大原則。其實，大多數人們不擅長聽別人說話，因為人們多少都有「想表現自己」的傾向。想要提高傾聽技巧，必須先從忍耐表現欲開始。

阿川佐和子小姐撰寫的《阿川流傾聽對話術》，記載她採訪美國演員摩根・費里曼（Morgan Freeman）時發生的事。

由於費里曼完全不懂日語，兩人是透過口譯員來溝通，但是當阿川小姐說話時，他誠懇地望著她的雙眼，並且不時點頭回應。阿川小姐感受到費里曼的體貼，從此成為他的忠實粉絲。

西方人容易給人一種「自我主張強烈」的觀感，而他們具備的**傾聽力**則是比較不為人知的強項。

傾聽力指的不只是聽對方說話，也包括真摯接受對方表達的情緒。西方人在與談話對象意見相左時，為了說服對方，會認真傾聽對方提出的論點。

「主張」這個詞給人一種「單方面論述」的強勢感，維持這樣的溝通模式很容易引起爭端。為了避免產生衝突，首先要注意的是，當聆聽對方說話時，要誠懇地望著對方的眼睛，充分傳達「我認真在聽」的訊息。

接下來，當自己表達意見時，由於對方已感受到「你認真在聽」，而建立一定的信任感，即使你抱持不同甚至是相反的意見，對方也不會有單方面遭受否定或質疑的感覺。請活用這兩大原則，認真傾聽別人所說的話。你會發現光是這樣，對方對你的評價就會直線上升。

奧客要你給答案，你是一直解釋還是用心聆聽？

常見狀況

客人：「前陣子跟你們買的電鍋，買回家怎麼按都沒反應，到底是怎麼回事？」

店員：「咦，應該不可能會這樣吧？說明書裡都有寫，使用前請記得先設定您慣用的模式。」

體貼回答

面對常見的客訴，這樣的應對方式正確嗎？為了先安撫客人的情緒，可以試著這樣回應：

店員：「真的非常抱歉，您一定感到很困擾……。」

不只理解，還要正視對方當下的心情

常見狀況中，店員的說法其實沒有錯，但這種應對方法很可能只會增長客人怒火，導致難以收拾的局面，因為這段對話裡完全沒有「傾聽」的成分。

有些人可能會覺得：「咦？店員不是有針對問題做出回應嗎？」表面上聽起來可能是這樣，但事實上，傾聽並不只是理解對方所說的話，還包括**「正視對方當下的心情」**。

當客人不滿地抱怨：「新買的商品不能用！到底是怎麼回事？」如果店員能像體貼回答中的應對方式，多說短短一句話，客人可能會覺得店員重視他的感受，怒氣也會稍微平復，於是願意聽店員後續的回答或建議。

此外，在接到客訴時，配合對方的聲調和速度說話，有時會出現意想不到的效果。簡單來說，若客人說話的速度特別快，就簡潔迅速地回答；若客人慢條斯理地提出問題，就溫和有禮、詳細地回應。

順帶一提，在傳達緊急事項時，可以盡量加快語速，以較高的聲調說話。如果希望緩和對方的情緒，則以偏低的自然音調，慢慢表達想說的話。

尤其是在面對客訴時，必須**正視客人當下的心情，並配合對方講話的聲調和速度給予回應**。如此一來，大部分客人的心情都會平靜許多。接著，針對客人的問題，提出正確且誠懇的回應。如果客人感到滿意，反而會成為老主顧。而且，許多客人提出客訴，也是期望店家的商品或服務品質能變得更好，因此只要應對得宜，即使奧客也會變成常客。

掌握3項重點，溝通不再各說各話

你聽到某人被冠上「細心」、「體貼」的形容詞時，會覺得他是什麼樣的人？我首先想到的是**懂得聽別人說話**的人。

話術研究所曾經針對學員進行調查，發現他們在參加研修課程之前，只有三成的人能認真傾聽別人說話。也就是說，在談話中，有高達七成的人只想著自己的事情，把重點放在自己想表達的事情上，根本沒專心聽別人在說什麼。

運用傾聽力，讓奧客變常客！

在人際溝通中，有三件事非常重要：第一是避免單方面表達的**雙向溝通**，第二是面對面的**當面溝通**，第三則是不偏袒任何一方主張的**水平式溝通**。

某年，在足球的國際賽事結束後，球迷的瘋狂行徑造成現場大亂。在十字路口協助指揮人潮動向而受到矚目的「ＤＪ波麗士」，巧妙地運用這三項重點，與民眾進行溝通。

「一臉兇惡擔任警備工作的員警，也跟各位一樣，打從心底對日本人的勝利感到開心。我們都是隊友，請聽聽隊友的請求吧！」

「請不要讓警察舉黃牌！」

「員警也不想在這麼值得慶祝的晚上發脾氣，大家請走斑馬線過馬路！」

這是十分出色的話術。只是，並非任何人都能立刻做出這樣機智的反應，並且用精湛的話術縮短與他人的距離。

因此，我特別推薦的方法就是**傾聽**。認真聆聽他人說話，是一種表示認同的行為，不僅能讓對方感到安心，緩解緊張氣氛，還可以讓對方對自己產生好感，拉近彼此的距離。

因此，面對不熟悉的人，溝通的順序應該是**先傾聽再說話**。不過，該怎麼好好聽別人說話呢？從下個章節開始，我將依序介紹能立即派上用場的傾聽技巧。

懂得10個傾聽技巧，讓對方倍感窩心

常見狀況

在應酬時……

上司：「你不用顧慮太多，想說什麼就說吧！」

部屬：「那我就不客氣了，其實……（毫無顧忌地說了一堆）。」

結果惹得上司勃然大怒。

體貼回答

部屬：「（瞄一眼上司的神情）沒有啦，也沒特別想說的事……這酒真不錯喝呢！」

光聽還不夠，得學會察言觀色

對於常見狀況，你是否有過類似的經驗呢？你覺得「被騙、莫名其妙、真不講道理」而難以接受的情緒，我可以理解。不過，如果能盡量避免產生這樣的誤會，不是皆大歡喜嗎？

聽到上司主動那樣講，你不妨在談話中稍微瞄一下對方的眼睛，若他的目光和表情略帶嚴肅的神色，表示這不是暢所欲言的時機。只要考慮對方內心真正的感受，就能避免發生尷尬的狀況。

在前面例子中提到「稍微瞄一下對方的眼睛」，其實在聽別人說話時，最重要的不是動耳而是動眼。

你只要觀察他人眼中流露出的神色，就能大致了解對方的期望；相對地，別人看著你的雙眼，也能感受到你是否願意聽他說話。由於你的感受會透過眼睛表露無遺，切實地傳達給對方，因此對方只要感受到「你認真在聽我說話」，就會對你產生一定的好感，這無關乎談話的內容。

有些人可能覺得自己不太會講話、不擅長表達，於是將人際關係上的問題，歸咎於自己的談話能力不足。但事實上，即使話不多，人與人之間也可以藉由眼神的接觸，建立相互感到友善的溝通模式。重點在於，要讓對方認為：「你對我說的話很感興趣。」所以，在傾聽過程中，**要望著對方的雙眼，適時點頭給予回應**。

只要你將精神集中在對方的話題上，對方自然會從你的雙眼看出來。但如果你視線飄忽不定、東張西望，或是不斷眨眼，很容易讓對方覺得：「你根本沒在聽我說話！」

舉例來說，我在接受雜誌採訪時，總是會看著記者的眼睛回答問題。當對方眨眼的次數變多，或是視線開始游移時，表示差不多可以切入下個話題。因為這通常代表對方已對話題失去興趣，注意力開始分散。

如同「眼睛會說話」這個說法，人的眼神騙不了人。對於許多事情，都可以透過眼睛流露出的訊息略知一二。

人的眼睛會說話

常見狀況

C：「今天好冷喔。」
A：「不過，好像比昨天溫暖一點耶。」

體貼回答

C：「今天好冷喔。」
B：「是啊。不過，好像比昨天溫暖一點耶。」

適時點頭，能幫對話加分

A和B的回應，在字面上的意思幾乎一樣，但是給對方的觀感截然不同。A會讓人感到「被否定、甚至質疑」，但B會讓人感到「被認同、彼此站在同一陣線」。兩者的差異在於，是否有點頭與回應的動作。

談話時，如果看到對方頻頻點頭，會有一種自己的話被認同，可以延伸出雙方共同話題的感覺，但如果對方與A一樣毫無反應，就會感覺遭到質疑，進而影響談話的氣氛。因此，我在話術研究所的課程和研討會中，特別強調：「點頭代表『我在聽你說話！』」這可說是聆聽技巧中的重要基礎。

點頭有各種不同的方式。平常只要上下輕輕點頭即可，不過隨著對方的話題變化，也可以加強或減弱點頭的幅度，有時甚至可以重重點頭回應。但要注意，若過於頻繁地點頭，會顯得浮誇而缺乏誠意，若偶爾適當地點頭回應，則不會讓對方覺得不舒服。

在前面的對話中，B一開始的「是啊」具有類似點頭的效果。如果與談話對象關係特別親近，可以用簡單的「嗯」來代替。

在話術研究所的「傾聽實習」中，經常兩人一組模擬「一方開啟話題，但另一方完全沒點頭」的情境，來練習點頭的動作。在實際體驗之後，主動說話的人會顯得有些消沉，因為覺得對方無法接受自己說的話，而對於持續同一個話題感到退縮。在日常生活的談話中，我們或許也曾不自覺地做出這樣的回應，使別人感到挫折。

平日你與別人對話時，會常點頭回應嗎？如果你發現自己點頭的頻率偏低，或許偶爾可以誇張地點頭，增加與他人的互動。

5種簡單回應，能進一步延伸話題

這裡的「回應」，是指同意對方提出的看法。用話語來表現比點頭更明確的肯定之意，能讓對方更了解你想表達的意見。

我常用「**同**（同意）、**感**（感同身受）、**引**（引導）、**整**（整理、歸納）、**轉**（轉換）」這五個詞，介紹五種不同的回應方式，以下詳細解說它們的具體方法。

①同意：「是啊」、「就是說嘛」、「我也這樣覺得」、「原來如此」。

在談話中不時用一些話語肯定對方的想法，能讓對方有自信，自然會更積極延續對話。像在採訪過程中，有些採訪者會巧妙地在談話的重點或關鍵處，適時做出一些附和對方的回應，例如：「啊，原來是這樣！」因為他們知道，即使受訪者是專家，還是會對「是否確實傳達自我主張」這件事感到不安。表示同意的回應，能夠有效緩解說話者心中的疑慮。

②感同身受：「真糟糕」、「真令人擔心」、「我知道你很努力了」、「真辛苦啊」、「我都懂」。

常見狀況

A：「前陣子，我去做了健康檢查，醫生說我肺部好像有陰影，害我提心吊膽了好一陣子。今天我去做複檢，還好什麼也沒有，真是嚇死我了！」

體貼回答

人們常會以負面情緒作為話題，在這種情況下，我們可以用下列幾句話，表達自己感同身受的心情。

「這樣啊，你這陣子一定很擔心吧？」

「還真是糟透了。」

「你一定覺得度日如年吧。」

傾聽者對於擔心、糟糕、討厭的事，自然不會感到有趣，但如果一點反應也沒有，說話者會覺得對方根本沒在聽自己說話，而感到有點失落。這時候，傾聽者別忘記與對方站在同一陣線，簡單回應幾句體貼的話，就能讓對方覺得你重視他的心情：「跟這個人說真是太好了。」

表達「感同身受」的話語

除了慰勞對方之外，聽到對方分享值得高興的事，也可以用「真是太棒了」這類的感嘆句，來表達自己感同身受的情緒。在習慣後，可以增加不同的表現方式，例如：「是不是像在做夢一樣」、「真是令人開心」。

③引導：「怎麼了」、「然後呢？結果怎麼樣了」、「之後發生什麼事」。

常見狀況

A：「你們最近去哪裡旅行？」

C：「我去澳洲玩了一個月！那裡……。」

D：「我跟團去歐洲！話說……。」

體貼回答

對於內向或話不多的人，可以試著用話語引導對方繼續往下說。

A：「B，前陣子你不是去夏威夷旅行嗎？好像很好玩的樣子！」

B：「嗯，夏威夷真的很棒！A你不是也去了義大利嗎？那邊怎麼樣？」

在幾個人一起談話的場合，有時會發現內向的人比較插不上話，顯得跟周遭的人有些格格不入。在察覺對方的狀況時，可以巧妙用提問引導出對方的意見。這或許也是開啟新話題、新觀點的重要契機。

④整理歸納：「總之就是……，對吧」、「也就是說，……嗎」、「簡單來說，就是……囉」。

常見狀況

A：「雖然有很多展現體貼的方法，不過我認為真正的體貼，是認真傾聽對方的想法。想確實做到這點，必須懂得適時回應。」

體貼回答

B：「也就是說，在聽別人說話時適時回應，讓對方知道自己認真在聽，就是一種對他人的體貼，對不對？」

這是從第一章「重點思考」衍生出的回應方式。像這樣理解並整理對方的意見後，再用自己的話表達，會讓對方感受到你不僅認真聽他說話，而且充分理解談話內容，於是能安心地繼續談論下一個話題。

⑤轉換：「是說，……」、「說到這，……」。

常見狀況

A：「我實在不該在這種時候，提起這個話題。」

體貼回答

假設對方在談話中突然失言，機伶地迅速轉換話題，也是一種體貼。

B：「沒關係啦。說到這，你之前提過的那件事，最近怎麼樣了？」

不針對對方的失言多說什麼，若無其事地轉換話題，也是回應的一種訣竅。

受歡迎的人的應對話語

好厲害喔！
你真的很可靠！
我都不知道
你這麼行！
太棒了！
真的很專業！
這很難辦到耶！
你果然跟
別人不一樣！
真不愧是你！
我就沒想到
有這招。
好厲害喔！
太棒了！
我都不知
道你這
麼行！

常見狀況

A：「與理論上的溝通技巧相比，能貼近對方心情的話語，更能夠在工作上發揮實際效用。」

B：「我實在聽不太懂你在說什麼……所以，結論到底是什麼？」

A：「……。」

體貼回答

即使聽不懂對方的意思，也不能使用可能傷害對方自尊心的說法，而要藉由反問確認對方所說的內容，或是主動提出更進一步的問題。

「原來如此！具體來說，有哪些應用方法呢？」

「關於這個部分，可不可以舉出一些更具體的例子？」

「以辦公室的人際關係來比喻，大概會是什麼狀況？」

引導談話，激發他的「表現欲」

體貼回答中的回應方式，是記者採訪時常用的話術。有時候，聽不懂對方的談話內容，不只是說話者的問題，也可能是因為聽者沒有積極引導談話。

溝通能力出色的人能引導對方說出真正的心聲，讓人想再跟他見面。所以，即使不太明白對方在說什麼，也不要單方面只顧著聽，可以適時穿插一個向對方確認意思的問句：「原來如此，也就是……的意思嗎？」最重要的是，要用明確的問題表達「希望對方怎麼說明」。

或許有人會感到疑惑：「明明是我聽別人說話，為什麼還要為對方設想這麼多？」事實上，這些方法不僅能減少雙方的心理負擔，還可以讓說話者覺得你是個好聽眾、好聊的人。如此一來，對方會樂於找你商量各種事情，甚至委任不同的工作內容，讓你拓展出更多嶄新機會。

許多人認為，積極說話的人比較容易獲得別人的信賴。但實際上並非全然如此。很多時候，擅長聆聽才是受人信賴的關鍵。

常見狀況

公司面試負責人A與人力仲介者B，討論面試的結果。

A：「這位年輕人的態度很積極，社長也讚譽有加。」

B：「那真是太好了，他的個性和工作態度，確實都很不錯。」

A：「嗯，如果不是現在景氣這麼差，我們也想好好栽培這個人才。」

體貼回答

在對方似乎難以啟齒時，主動詢問對方：「可以先聽聽你的結論嗎？」其實是體貼的舉動。在工作上，如果推論對方是因為預算問題而難開口，也可以主動這樣說：

「您有什麼問題儘管說，我們可以再談。」

「主要是價格問題吧？您那邊的預算大概是多少？」

「也就是說，這個案子可能沒辦法合作嗎？」

主動破冰，鼓勵對方有話直說

常見狀況中，雙方的談話之所以有些不順暢，是因為A要表達的事情難以啟齒。

當對方必須拒絕你提出的要求時，往往很難開門見山地直接說出口，如果你能主動引導對方，從結論開始說起，不但有助於突破僵局，對方也會覺得你通情達理。藉由仔細觀察，推論出對方的感受，不僅可以充實談話內容，還能大幅提升他人對你的好感。

常見狀況

前一頁「討論面試結果」的後續談話。

B：「沒關係，您有什麼想法就直說吧。」

A：「嗯，最近公司不打算再多雇用人手。」

體貼回答

就第九十七頁的常見狀況而言，即使雙方關係特別親密，也有無法順從對方意思，不得不拒絕的時候。在A婉拒B之後……

B：「這樣啊，有勞部長費心了，百忙之中還抽空處理，真的非常感謝。」

A：「您都特意幫忙安排了，實在是不好意思。」

即使拒絕，也留給對方好印象

當然，拒絕他人也是個苦差事。這時候，你要留給對方善解人意的好印象，讓他覺得「雖然這次沒辦法，不過還有下一次機會」，才能維持長久且良好的人際關係。你為了別人的立場著想，主動說出委婉、體諒的話，對方也會適時回應這份誠意。

特別需要注意的重點是，這時候你不可以讓對方過於在意，認為「這件事讓人很難說出口，真是抱歉」，而心生尷尬，導致日後避不見面。因此，你需要斟酌用字遣詞。

常見狀況

店員：「您今天消費的金額，總共是一千三百九十七元。」
我：「三百九十七元啊？這邊有三百九十元，一元、兩元……還有沒有零錢啊？啊，找到七元了！太好了。」
店員：「還差一千元喔。」

體貼回答

店員：「您今天消費的金額，總共是一千三百九十七元。」
我：「啊，剛好有七元！太好了。」
店員：「謝謝您！這樣一共是三百九十七元，感謝您還特地準備了零錢！現在只差一千元喔！」

這個常見狀況，是以前我買書時跟店員的對話。我當時打算之後再拿出一千元，不過被這樣冷冷地回話，總覺得現場氣氛變得有些尷尬，反而有花錢找罪受的感覺。

但是，只要稍微改變一下回應方式，就能讓客人感覺好很多。由於顧客下次在考慮是否要到這家店消費時，這可能成為一個參考指標，所以服務業的接待人員在待客時，請務必慎選用詞。

常見狀況

B：「你這傢伙太差勁了！」

A：「你怎麼沒事亂發脾氣啊！」

B：「什麼？我亂發脾氣？明明就是你⋯⋯。」

體貼回答

對於A而言，熟悉的朋友B打電話來，突然講沒幾句就開始發脾氣，雖然覺得莫名其妙，但在B情緒激動的情況下，更應該問清楚他生氣的原因。

A：「到底怎麼了？突然這麼生氣……發生什麼事了嗎？」

B：「你在說什麼啊！還不是因為你，竟然跟別人說我壞話！」

A：「我沒有喔。你聽誰說的？」

B：「咦，可是剛才C說……。」

打動人心的「關鍵字」是？

在日常生活中，有時我們也會因為一些誤會，必須在第一時間處理他人的情緒。如同常見狀況中，自己明明什麼也沒做，對方卻突然打電話來，不分青紅皂白地生氣。若接電話時，問都沒問對方發生了什麼事，就下意識直接反駁對方，很可能會讓問題越演越烈。

只要引導對方說出真心話，並冷靜地傾聽，除了能釐清事實，也能找出有效打動對方的關鍵字，將傷害降到最低。

常見狀況

講者：「以上是我的演講，各位有什麼想問的嗎？」

體貼回答

將對方說過的話消化理解之後，轉換成自己的話來表現，從「傾聽者」轉變成「詢問者」。

「有關剛才談的那件事，我的解讀是……，您覺得呢？」

「以我的立場來看，這樣解釋正確嗎？」

「或許我有說錯的地方，不過以我的話來解釋，就是……。」

消化成自己的話，再提問

許多強調傾聽力的書籍，都會提到「傾聽他人說話時，從內容中掌握關鍵字並提問」的技巧。適當的提問可以表現積極傾聽（active listening）的態度，是專業諮商人員必須具備的技能。

但是，光憑這項技巧，沒有真正理解對方話中的意思，只能滿足雙方的虛榮感，無法打動對方的心。因為只把關鍵字丟回給對方，沒辦法傳遞「我已聽懂你說的話」的訊息。

想要表現出積極傾聽的態度，不能只是重複一次對方的關鍵字，而是要把對話內容轉換成自己的話來表現及確認，才是真正的理解。

當對方聽到你整理過的話，覺得「自己說的話能幫上你的忙」，實際感到「真慶幸跟你說過這些」，才能算是成功打動對方的心。

常見狀況

在會議等場合中……
A：「說到去年的那件案子，對方當時還……。」
其他人心想：「話題越扯越遠了……。」

體貼回答

當有人在會議上的發言，跟討論主題沒什麼關係時，你可以這樣說：
「A應該是指……對不對？那麼，有關這次的企劃案……。」

無須否定A的意見，只要以他的發言為基礎，加上自己的意見，繼續說明即可。這樣做，A比較不會心生不悅，也能在會議上清楚表達自己的意見。從他人的反對意見中強調自己的意見，算是相當高段的溝通技巧。

不過，一個意見其實可以有許多不同的解釋，透過各種延伸解讀，最後常會成為優秀提議的來源。只要像這樣善用提問的技巧，就能夠為他人的話語帶來絕妙的加分效果。

常見狀況

A心想：「那個案子已經決定以G方案進行嗎？等下得弄清楚才行！」

體貼回答

一個小小的問句，能夠解開雙方天大的誤會。

A：「剛才那個案子，如果之後產生什麼誤會，那就麻煩了。雖然好像有點多事，我想確定一下，已經決定以G方案進行，還是要採用其他提案？」

B：「咦，不是準備採用其他企劃嗎？」

A：「啊，果然！還好我有問！我從剛才開始就有點在意……。」

確認對方話中涵義的「提問法」

苦 **慰勞他人「辛苦」的遭遇**

A：「最近負責的案子特別多，真是累人。」

B：「你這麼忙，還能完成全部的案子，真是太厲害了！」

喻 **用身邊的事物來「比喻」**

A：「我最近買了台藍色的車子。」

B：「是天空藍嗎？」

細 **掌握重點，不遺漏「細節」**

A：「我們一定能趕在兩天之內交貨！」

B：「兩天嗎？其他公司確實辦不到。」

類 **提出「類似」的事物來進一步確認**

A：「好美的星空喔。」

B：「就好像鑽石灑落在夜空一樣！」

一點點不確定，都要確認清楚

你的日常生活中，是不是曾發生類似前述的插曲呢？

我常提出一個發生在中國農村的小故事。一位農夫去田裡工作時，總是會帶著他慣用的斧頭。某天，他覺得今天的工作用不到斧頭，於是把它放在家中就出門了。

不過，在工作進行到一半時，農夫已經完全忘記這回事。他偶然瞥向工作台，以為平常都放在那裡的斧頭不見了。

「一定是被偷了！」農夫心裡頓時浮現這個想法，並且望了望周遭，只看到一個鄰家小毛頭。那個孩子平常老愛搗蛋，卻在與他視線相對時，倉皇地逃跑了。

其實，這是因為農夫當時的表情特別嚇人。但是，農夫單方面看到小孩的反應，更加深信：「斧頭一定是那孩子偷的！」進而忿忿不平地心想：「我明天一定要好好教訓他一頓。」

過了一晚，當農夫正要出門時，才發現那把一直放在家中的斧頭。他除了感到驚訝，也深深反省自己對鄰家孩子的懷疑及偏見。

我覺得這是一個有趣的小故事。假如這位農夫因為一時憤怒，當場責備孩子：「昨天你偷了我的斧頭吧？」那會產生什麼樣的後果呢？

鄰家小孩明明沒偷東西，卻被一口咬定是小偷，鄰居若是聽到風聲，肯定不會善罷甘休。更何況到最後，農夫發現是自己搞錯，那面子可就丟大了。但如果他選擇的不是責備，而是當場問那孩子：「你有沒有看到我的斧頭？」狀況可能就會改變。

這則小故事顯示，極其普通的提問在人際溝通上是多麼重要。只要養成「**不確定的時候更要問**」的好習慣，或許我們的生活就會變得更加單純且美好。

常見狀況

兒子：「叔叔，我家老爸真是太過分了，明明我什麼也沒做，他卻莫名其妙地對我發脾氣，你不覺得他太情緒化了嗎？」

叔叔：「你是不是搞錯什麼了？你爸爸是因為你什麼都不做，才會那麼生氣啊。」

體貼回答

對於熟人，我們很容易單方面認為：「就算我不說，對方也會懂」、「還是別太嘮叨比較好」。這樣消極的態度，會導致人際關係產生嫌隙。因此可以這樣做：

兒子：「老爸，你為什麼要對我發脾氣？你不說我怎麼知道。」

父親：「因為我看你什麼事都不做，希望你自己醒悟。」

兒子：「原來是這樣。其實我……。」

不想產生誤會，就主動提出疑問

如果出現類似狀況，發現可能產生誤會，應該努力將自己的想法傳達給對方。人際關係脆弱且複雜，有時稍微發生一些摩擦，就容易失去對彼此的信任，甚至產生對立關係。

所以，無論遇到什麼問題，都應該積極地提問或關心，進一步確認對方的想法。**有時候感覺到別人逐漸遠離你，並不是由於雙方產生什麼問題，而是因為你不主動提出心中的疑惑，讓自己在潛意識中逐漸離對方遠去**。

為了避免錯誤訊息產生不必要的誤解，並且建立輕鬆自在的人際關係，就儘管放寬心，對身邊的人提出心中的疑問。這麼做，想必能夠為你帶來更充實的人際關係。

只要掌握這些重點，你也能擅長傾聽！

- ☑ **遵守傾聽他人說話時的原則。**
  ①安靜、認真傾聽，不隨便插嘴
  ②不否定對方，不打斷對方說話

- ☑ **不只聽對方說話，也要正視他當下的心情。**

- ☑ **即使想發表自己的看法，也要記得先聽再說。**

- ☑ **從對方的眼神中，觀察他的情緒。**

- ☑ **用回應來傳達自己的感受。**
  ①同意　②感同身受　③引導　④整理、歸納　⑤轉換

- ☑ **整理對方的話，並用自己的話主動提出關鍵字。**
  對方會因為能夠幫上你的忙，而感到高興

第三章

試著練習「一句回話」的威力，你也能擁有貴人運

為什麼要設身處地為對方著想？

常見狀況

自己對別人說：「雖然我在外商公司上班，卻只會講一點點英文。」

體貼回答

我有一位任職於外商公司的朋友，在他到總公司赴任，用蹩腳英文向當地頂尖業務員說了以上這句話後，對方誠懇地跟他說：「怎麼這麼說，你可是會說日文和英文兩種語言耶！我能夠用英文溝通無礙，不過是因為我出生在這個國家，你已經很厲害了。」

即使菜英文，有「誠意」也能跟外國人聊不停

這段話給了那位朋友信心，如今他已經能與世界各國的人用英文侃侃而談。

再以另一位製造商主管為例，他說得一口令我稱羡的英文，不過他說自己年輕時，英文能力並非特別突出。讓他踏入英語世界的契機，是首次的海外旅行。

他在出發前努力增強英文能力，抵達當地後，信心滿滿地走進餐廳，用英文點餐。但是，服務生完全聽不懂他的話，露出「咦？你可以再說一遍嗎」的表情。他不禁沮喪地想：「我都已經這麼努力學英文了，果然沒有語言天分。」

就在這時，服務生開口說：「不好意思！我的耳朵不太靈光。」「啊！是這樣啊？那麼，我要點這個。」他指著菜單說道，服務生笑容可掬地回應：「我明白了。」

想當然耳，「耳朵不靈光」只是服務生為了避免尷尬的場面話，但這段經驗讓他領悟到，在國外與人溝通時，即使英文再彆腳，對方依然會努力想聽懂自己說的話，因此不必對不精通語言感到羞恥。從此之後，他無論在何種場合，皆能坦

然地使用英文，會話能力也越來越進步。

儘管我們與外國人存在語言的隔閡，但只要**抱持著渴望與對方溝通的誠意，便能打動聽者的心**，跟自己國家的人溝通也是同樣道理。

常見狀況

A：「請問，您會參加今天的聚會嗎？」

B：「都說我很忙啦，沒空去。」

體貼回答

若你曾被人這麼回話，可以試著回想當時的情況，想必你的感受應該不怎麼愉快。如果別人這樣問你問題，或許你應該像C這樣回答：

C：「不好意思，**我真的很想參加**，但今天實在忙得抽不出時間。」

不想成為討厭鬼，得避開NG用語

人們處於忙碌或緊急情況時，往往很難顧及他人的感受，於是無意間將情緒表露在言語上。最常見的兩個發語詞，便是**「都說……」**及**「就跟你說……」**。

正如前面例子顯示，當我們說話是以「都說……」、「就跟你說……」起頭時，接下來的內容多半是否定對方，或是以自我為中心，而且通常會情緒緊張而語氣不佳。

對大多數人來說，B這樣的回答幾乎百分之百令人不悅。如果像C一樣，避免使用這兩個發語詞，並表達對對方的尊重，給人的印象將截然不同。

因此在談話時，要注意別說出NG用語，切忌以自我為中心，應該好好地替對方著想。

令人反感的NG用語

1 **「都說……」**

不少人會在無意間使用這兩個字。
此外，也有人會在語尾加上「啦」，例如：「都說我有事啦！」
這樣的說話方式會使對方的反感指數飆升。或許對某些人而言，這已是一種說話習慣，但請從今天開始戒掉這個習慣。

2 **「就跟你說……」**

這種說話方式，會令聽者感受到「別一直煩我」、「你聽不懂我講話喔」的弦外之音。人們很容易在與親近的人說話時脫口而出。

為什麼連「問問題」，也能讓對方「揪甘心」？

常見狀況

當你在冷氣房與人討論，覺得「好冷」時……

當商談持續整整一個小時以上，覺得「口好渴」時……

當你打電話給對方，覺得「我現在好忙碌」時……

體貼回答

此時，你可以想想：「對方是不是也一樣呢？」可以問對方：「你會不會覺得冷？」、「要不要幫你拿點喝的？」或在電話接通時先問：「請問你現在方便講電話嗎？」

想讓對方「揪甘心」，就用提問試探需求

問句分為很多種，其中「詢問對方心中的不滿或需求」，也就是所謂的「噓寒問暖」，經常能有效打動對方的心。至於關鍵的「開口詢問的時機」，只要將「自己」代換為「對方」，便能輕鬆得到解答。

這些問句雖然簡單，要實際做到卻不簡單。但你若能顧慮到對方的感受，並用簡短話語表達關懷，必能有效增進人際關係。

當然，或許對方會婉拒你的好意，有時你也可能踢到鐵板，可是對方依然會從你的噓寒問暖中，感受到你為他著想的心意。開口詢問或確認對方的想法，絕不會帶來負面的效果。

世上沒有人能夠完全參透別人的想法，正因為不明瞭，才有必要開口詢問。但是有一件事必須謹記在心：不能因為自己有這樣的感受，便認為別人一定也是這麼想。要是犯了這項錯誤，就會使你的關心變成一廂情願。為了建立良好的溝通，我們應該藉由問句來確認他人心中的期望。

用提問表達關心

運用魔法5字訣，確認對方真正需求

在詳述「表達關心的問句」後，我介紹五個能運用於商場的提問方式，那就是**「比、如、換、程、也」**。

比：「可以打個比方嗎？」↓將話題具體化。
如：「那如果是……呢？」↓從別的角度探討。
換：「換句話說，你的意思是……吧？」↓歸納對方的話並確認。
程：「到什麼程度？」↓將話題量化。
也：「也就是說？」↓延伸話題。

如果善用這些提問技巧，不僅有助於進行討論，還能釐清對方內心的需求。你可以參考左頁圖片，訓練臉部肌肉，讓自己隨時都能展現燦爛的笑容。

小祕訣

展現燦爛笑容的肌力訓練

伸出雙手的食指，按住嘴角左右兩側，向上抬起。每抬起五十次為一回，每天練習一至兩回。只要咬住筷子，便能知道自己理想的笑容弧度，請對著鏡子試試看吧！

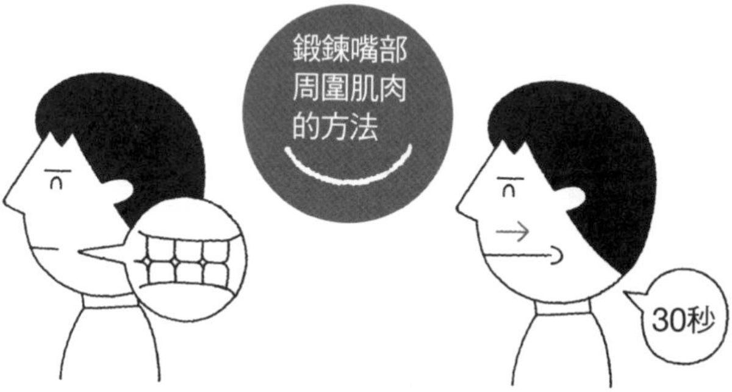

1 閉上嘴巴，讓臼齒確實咬合。

2 將嘴角往臼齒的方向收縮，維持三十秒後放鬆，重複兩至三次。

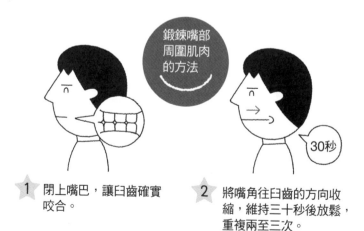

用「確認的態度」指正對方錯誤，降低反感

常見狀況

A：「我叫做ㄩˋ子，『金玉良緣』的『ㄩˋ』。」
B：「請問是金字旁的『鈺』還是玉佩的『玉』呢？」

體貼回答

大家會怎麼寫這位小姐的名字呢？雖然B的問法非常精確，卻可能讓對方覺得，B在暗中指責她的說明太過模稜兩可，所以最好的做法是：

B：「是玉佩的『玉』嗎？」
A：「不是耶，不好意思，是金字旁的『鈺』，文字真是奧妙呢。」

乍聽之下，她的名字是「玉子」，但也有可能是「金＋玉」的「鈺子」。儘管她出於善意才這樣自我介紹，卻沒有察覺自己的說法可能令人誤解。但是，弄錯別人的姓名，是禮儀上的大忌，所以當我們不確定對方的名字時，應該開口詢問，不過該怎麼問？

常見狀況中，即使你藉由提問得到正確資訊，對方也可能會覺得沒面子，而與你保持距離，對人際關係造成負面影響。所以，要避免多餘的弦外之音，只向對方確認「自己的理解是否正確」。如此一來，不僅不傷和氣，也能順利得到正確的資訊。巧妙地運用提問技巧，既能讓對方萌生感謝之意，更能為自己留下好印象。

在指正對方時，最重要的是要抱持體貼的心，不要在對方心中留下不好的感受，因為提問並非只是為了解惑，其實蘊含著許多意思。

加一句「緩衝用語」，給人感受大不同

有些話能幫你在提問時留下好印象，也就是所謂的「緩衝用語」。

舉例來說，當你有求於人時，只說**「麻煩你了」**跟**「不好意思，麻煩你了」**，給人的感覺便大不相同。

緩衝用語不僅能用於請託，在反駁或拒絕時也能派上用場，建議各位在適當的時機，多嘗試使用緩衝用語。

能給對方留下好印象的「緩衝用語」

請求
★ 不好意思
★ 請海涵見諒
★ 請您撥冗協助
★ 麻煩您費心了
★ 如果方便的話
反駁
★ 我明白你的意思，可是……
★ 恕我直言
★ 你說得對，不過……
★ 請容許我冒昧地說一句
★ 不好意思，但……
拒絕
★ 很不湊巧地，我……
★ 可惜我……
★ 謝謝你的好意
★ 真的很抱歉
喔～

12種訣竅讓你的話不刺耳

常見狀況

前輩：「你兒子今年滿三歲啦？」

A：「不是兒子啦，是女兒。今年剛滿三歲沒錯。」

前輩：「啊，對不起！是女兒啊？真是抱歉。」

體貼回答

也許你應該像B這樣回答：

B：「是啊，今年滿三歲了！不過是女兒喔。」

前輩：「我沒記錯嘛！已經三歲啦！原來是女兒啊，你應該很疼她吧？」

即使不同意，也要先表達肯定

A、B兩者的回答，就結果而言，都糾正了前輩把女兒記成兒子的錯誤，但是誰的回答聽起來比較舒服呢？因為「道歉」與「共鳴」兩種不同的回答方式，前輩的反應出現截然不同的結果。

常見狀況

A：「我認為外星人一定存在。」

B：「最好是啦，你想太多。」

體貼回答

「我懂你的意思。不過我很懷疑，因為……。」

「我懂你的意思。不過，從另一個角度來看，應該可以說是……吧？」

「也對，只是我認為……。」

當對方認知有誤，或是與自己意見相左時，我們總會習慣立刻否定對方。但是，人天生厭惡直接被否定。因此，如果我們劈頭就說「你根本不懂」、「不可能有那種事」，完全否定對方的意見，只會讓雙方產生衝突。

在這種時候，我們應該採取既不壓抑自我，也不否定對方意見的表達方式。以**「我懂你的意思」**起頭，先接納對方的意見，再表達正確的資訊與自己的看法，藉此緩和否定的語氣。

這項**「先肯定再否定」**的技巧，適用於各種場面，即使彼此意見衝突，也能讓對方願意傾聽你的聲音。然後，你透過彼此互相交換意見，開拓知識及視野。

不傷和氣地表達「自我主張」的魔法話語

常見狀況

A：「我們來玩一個遊戲。規則是你不可以說出『紅』這個字。OK嗎？」
B：「OK！」
A：「紅綠燈的黃燈代表什麼意思？」
B：「注意安全！」
A：「那表示『前行』的是？」
B：「綠燈！」
A：「被我逮到囉，你說了『綠』！」
B：「咦，等等！規則是不能說出『紅』這個字吧！」
A：「叭叭，出局！」

體貼回答

這一招雖然是耍詐，但是幾乎能使所有人都上當，因為我們不習慣懷疑別人說的話。不過，擅長談判的歐美人士，即使突然遭到別人否定，也能立刻反駁。

A：「被我逮到囉，你說了『綠』！」
B：「不，沒規定不能說『綠』。」
A：「被你發現啦。」

一開口就否定，等於自己結束話題

就日本人而言，在受到否定時，雖然會正面接受對方的說法，但同時會認為「這個人否定我」，而湧起強烈的反感。在重視察言觀色的人身上，這種傾向可能會更明顯。

因此，正如前文所述，「避免否定對方」是溝通的重要關鍵。然而，許多人在不知不覺間，已經養成否定別人的習慣。

比如說，當你與朋友聊到旅行的話題，朋友稱讚某個觀光景點時，儘管你沒有惡意，但是否曾經回應：「我也去過那裡，可是我覺得不怎麼樣耶」、「我覺得○○比較好」等等呢？

否定對方的話，等於為對方提出的話題劃上句點。這樣說話，在遇到街頭推銷時也就罷了，但在一般對話中可是大忌。

此外，據說某位講師在課堂上會再三叮囑，學員使用「是喔」時，要注意語調，而且要求他們反覆練習。

原因在於，根據語調不同，「是喔」可能帶有「咦，是喔」的否定涵義，或是「是喔，原來如此」的肯定涵義。所以，為了避免被解讀為否定的意思而造成負面影響，你平常必須留心語調，隨時隨地謹言慎行，別讓隨口說出的話，破壞自己的形象。

常見狀況

上司：「明天的降雨機率是八〇%啊。」

A：「啊，是喔？」

上司心想：「好敷衍，是在否定我的說法嗎？」

體貼回答

站在上司的立場思考，怎麼回答比較會得到青睞呢？

B：「這樣啊！最近真的常常下雨呢。」

上司心想：「不錯，有接到我的球！」

明確傳達想法，才能得到期待的回應

在這個例子中，上司隨口說出的話乍聽之下沒有特別涵義，但部屬必須察覺上司說話的意圖。一旦弄錯了上司的意圖，便可能遭到誤解，甚至得罪上司，陷入職場危機。

但是，當溝通一直處於彼此必須察言觀色的模式，必然會產生摩擦。雞同鴨講會使得談話變得不愉快，因為無法讓對方聽懂自己想表達的意思，心中的積怨也就越來越深，造成人際關係緊張，進而降低團隊績效。

常見狀況

上司：「明天的降雨機率是八〇%啊。」

部屬心想：「上司到底想說什麼，我該回答什麼呀？」

體貼回答

為了使對話更加融洽，上司與部屬應該這樣說：

上司：「明天的降雨機率是八〇%，你最好記得帶傘喔。」

部屬：「咦，是這樣啊。我都不知道呢，謝謝提醒。」

重點在於**確實說出結論**，無論是上對下或是下對上，都是同樣的道理。

部屬說：「我們第一次與這位客戶交易，必須進行後續追蹤才行。」

這樣的說法過於曖昧，建議修改為**「我們第一次與這位客戶交易，我想再直接拜訪他一次，順便表達感謝之意。我這麼做是否恰當呢？」**

如此一來，上司聽到後，會順著部屬的話回應：「說得對，你一個人沒問題嗎？」

無論在什麼樣的場合，表達技巧都是關鍵。只要能讓對方感受到你對他的尊重，對方也會用心接納你的話語，雙方便能建立順暢的溝通管道。

常見狀況

上司：「整合這些資料很花時間呢。」

A：「對啊。」

體貼回答

雖然上司的話是肯定句，但部屬應當調整心態後再回答，比較能得到上司的好評。

B：「對啊，不過，只要大家一起努力，很快就能完工。」

表達時得注意3要素

雖然兩位部屬的回答都是肯定，不過心態不同，回應也就不同。我常常將「表達三要素」掛在嘴上，所謂的「三要素」便是**言語**、**誠意**、**行動**。唯有三要素俱全，才能讓對方感受到你的真心誠意。

舉例來說，道歉時頭也不低，或是一邊打電腦、一邊用電話向人道歉，都是欠缺三要素的行為。如果認為對方看不見、感覺不到就敷衍了事，不但無法表達歉意，反而很可能惹惱對方。

常見狀況

教學者：「我跟你說，這裡很簡單啦！就是……然後……再來是……。」

體貼回答

若教學者有「想讓對方理解」的誠意，自然會表露在行為及言語上。

「這只是我的一點經驗……。」

「我不好意思說什麼大話，不過……。」

教學者經常會在教導別人、闡述知識的過程中，把教學內容與深度的重要性擺第一，藉此表露優越感。如果教學者只想要炫耀自身專業，而忽略對方能否吸收，指導效果當然不彰。

如果教學者懂得站在受教者的立場，用淺顯易懂的方式用心教導，在用詞上自然會變得謙虛。所以，擔任教學者時，應該先確立教學方向及自身心態。

氣頭上更要保持沉默

你聽過「憤怒管理」（Anger management）這個詞嗎？憤怒管理是一門管理憤怒情緒的學問，在忙碌的現代社會中，或許因為生活步調緊湊，越來越多人無法控制自己的情緒。

雖然大家都知道「溝通時必須考慮對方的感受」，但是人難免會有發怒或情緒化的時候。不過，將感情發洩出來，無法為你帶來任何好處，只會使周遭的人與你保持距離。

話雖如此，要克制情緒與別人對話，實在不是簡單的事。我也曾經有過幾次失敗的經驗。

有一次我在壽司店享用美食時，突然聽到一位貌似常客的人說：「壽司這種東西啊，要是每天都吃，實在讓人吃不消呢。」師傅回應：「對啊。我雖然每天都在捏壽司，也會受不了啊。」

當時我心想，壽司師傅在客人面前說出這種話，未免太不敬業了，於是我忍不住開口：「你這麼說不對吧？我很喜歡壽司，所以才來這裡吃壽司。你是壽司師傅，不該說這種話吧？」

常客聽了，嘀咕一句：「幹嘛啊，人本來就各有所好啊。何必管別人愛怎麼說。」我惱怒地直接走出餐廳，甚至氣得晚上無法入眠。但仔細想想，我中途才聽到他們的對話，或許他們並非在批評壽司，而是意指別的事情。

當我們湧現憤怒情緒時，究竟該如何是好呢？最好的做法是**保持沉默**。以我的例子來說，我即使感到不快，只要默默走出餐廳，換個店家冷靜一下，就不必一整天生悶氣了。

所以，為了自己及周遭的人著想，當我們生氣時，應該先拉開距離，例如：離開現場、讓自己喘口氣、閉上眼睛數一到十、換個姿勢、看向其他地方、閉上嘴巴想想對方說的話，都能有效抑制怒氣。

不少白手起家的企業家在性格上比較情緒化，據說他們在生氣時，會把自己關在辦公室裡，或是乾脆離開辦公室，因為他們明白：「生氣不能解決問題。」在情緒失控的狀態下，即使繼續談話，也很難得到好結果。這些企業家的行動看似以自我為中心，實際上卻是為了讓自己有冷靜下來的時間。

常見狀況

A：「你講話幹嘛那麼不客氣啊？有事不能好好講嗎？」

B：「我不客氣？是誰先開始大聲反駁啊？」

體貼回答

即使心裡知道不該生氣，但有時難免會忍不住發飆。若你還想與對方保持良好的關係，便只能亡羊補牢，向對方道歉或採取挽救的手段。

A：「對不起，我太激動了，不該對你大吼大叫。」

B：「我也把話說得太重了，明天我們再好好談談吧！」

面對錯誤，要有拉下臉道歉的勇氣

我以前在公司擔任主管時，曾經在部屬的面前，被上司狠狠地訓了一頓。我懷著鬱悶的心情工作到晚上，當準備下班時，還留在公司裡的上司對我說：**「唷，櫻井。雖然今天是難熬的一天，不過你明天要打起精神喔！」**沒想到他竟然為了說這句話而特地留下來，我在驚訝之餘也十分感動。

此外，本田汽車創始人本田宗一郎先生，也是著名的性情中人。據說他雖然經常向員工和客戶發飆，不過一旦知道錯在自己，甚至會下跪道歉。

這也是本田宗一郎能受到眾人愛戴的原因之一。當我們發怒時，必須抱持相對應的覺悟。不光是為了宣洩情緒，而應該懷抱為對方著想的心、對未來的期許，來表達憤怒。

常見狀況

司機：「這位客人，你不快點說你要去哪，我沒辦法開車！」
客人：「你兇什麼兇啊？我不是才剛把車門關起來嗎？」

體貼回答

我以前搭計程車時，曾遇到一位態度不佳的司機，我表現出以下的反應。
我：「你的態度有點兇呢，嚇了我一跳。發生什麼事了嗎？」
司機：「這樣啊，真是不好意思。因為剛才遇到一位糟糕的客人，氣還沒消，真的很抱歉。」
我：「沒關係，是什麼樣的客人呢？」
司機：「這個嘛……。」

有時直接表達，反而讓溝通更圓滑

雖然我剛上車時也感到相當火大，但我忍住怒火，將注意力轉移到探究司機的心情，以及導致他態度不佳的原因。並且，我直白地讓司機明白「你的態度讓我感到不愉快」。因此，要說服情緒失控的對象時，與其附和對方，不如坦率地表達自己的心情。

再提一位幼稚園老師的例子。有個女孩看到自己的姐姐跟班上同學一起去散步，便哭嚷著說：「我也要去。」

但是她的姐姐屬於較高年級，老師無法准許她與姐姐一起散步，於是斥責她：「不行，妳不可以這麼任性！」

但女孩依然哭鬧不已。這時，一位年紀較大的老師出現，對女孩說：「妳想跟姐姐一起散步啊？」女孩回答：「嗯。」

這位老師接著說：「可是，妳有時候會想跟朋友一起散步吧？姐姐也一樣啊。妳回家後就可以跟姐姐玩了，可不可以忍耐一下呢？」那女孩聽後回應「嗯，我知道了」便停止哭鬧。即使是小孩子，也能夠考慮到姐姐的心情。

對於大人也是同樣的道理，與其搬出長篇大論說服對方，不如好好表達自己的心情，更容易讓彼此得到共識。

因為即使用「不行就是不行」或「這是規定」來限制對方，也無法讓人心服口服。有時候直接說出自己內心的想法、心情或是苦衷，能夠促使對方站在你的立場思考，使溝通更為圓滑。

人通常吃軟不吃硬

常見狀況

上司突然這樣說：

「這份企劃，你再拿回去想想！」

「已經很晚了，趕快回去吧，別加班了！」

「我不能讓你當企劃負責人！」

體貼回答

對於上司突然拋來前面這樣的話語，想必大多數人都忍不住怒火攻心。不過，如果試著在這些話當中，加上一些上司的感受，會變成怎麼樣呢？

「你應該能提出更好的企劃案呀？這份企劃，你再拿回去想想！」

「今天你也很辛苦了，已經很晚了，趕快回去吧，別加班了！」

「這次的案子對你會有負面影響，我不能讓你當企劃負責人！」

多加一句體貼話，氛圍大不同

光是加了短短一句話，隱藏在話語後的關懷與體貼一目了然，給人的感覺是不是截然不同呢？當人際溝通不順利時，如果省略了表達心中感受的環節，容易衍生出不必要的摩擦和誤會。

上司不輕易說出內心感受，或許是一種謙虛的美德，但是無從得知上司真正感受的部屬，往往難以體會上司的苦心與工作安排，甚至可能歸納出「上司根本不重視我」的結論。

這種人際之間在心情或感受上的誤解，日常生活中也經常發生。我曾經隨口向妻子說：「幫我拿張面紙過來。」結果，她用拇指和食指拎了張面紙給我，就像拿著一條臭抹布一樣。

「什麼啊？這面紙能用嗎？」我頓時有點生氣，不過接著問妻子理由，才知道她正在吃葡萄柚，手上都是果汁，為了避免沾濕面紙，才用沒沾到果汁的手指把面紙拎過來，但這個舉動卻讓我完全誤會了。

不過，如果妻子在這麼做時，多加一句：「我手是濕的，用拎的給你喔」，或許在充分傳達訊息的情況下，我的感受就會有很大不同了。

必須將「我是為你著想，才這麼做」的重要訊息充分傳達出來。無論遭遇到什麼場面，無論對方是誰，為了讓周遭的人際關係更加圓融，我認為充分傳達自己的感受，是非常重要的溝通技巧。

被責怪時，別急著表達委屈

在還沒有手機的年代，我朋友跟他妻子約在車站的出口會合。過了約定時間後，他仍遲遲未見妻子的蹤影，於是一下看時鐘，一下望向出口，越等越焦急。

他想到妻子第一次來到這附近，難道是不知道出口在哪邊？對了！記得這個車站還有另一個出口。一想到這件事，他馬上走了過去，他妻子果然在另一側的出口等著。

「不是這個出口啦！我不是說在東口嗎？」他忍不住心急地責怪妻子。由於他妻子也等了很久，在一般情況下，應該會生氣地回嗆：「我又沒來過，怎麼知道你說的是哪個出口！」或是選擇先道歉：「對不起，是我搞錯了。」

但是，我那位朋友的妻子當時第一個反應卻是：**「啊！太好了，終於見到你了！」**光是這樣一句話，就表現出她「不好意思，你一定很著急吧」的心情，我朋友一聽，頓時怒意全消。

有時候不馬上顯露自己的情緒，而是先試著改變對方的觀感，就能讓人際溝通變得更順利圓融。

常見狀況

「我曾以顧問身分，解決不同企業遭遇到的問題。」

體貼回答

一開始提到企業顧問，很多人會覺得跟自己沒有關聯，因此不會對話題產生多大的興趣。

「我曾以顧問身分，解決不同企業遭遇到的問題。而解決問題的方法，其實就跟做菜一樣，有一定的程序……。」

從不同角度切入，有效延伸話題

不過，當提到「跟做菜一樣」的時候，可能有些人會暗自心想：「咦？有這回事？」開始對這個話題感興趣，甚至想進一步問個仔細。

也就是說，**話題可以藉由改變觀點，來吸引他人的注意。**在研修課程中，我設計一套「在一個話題加入各種不同觀點」的訓練課程。

①介紹自己的故鄉或是充滿回憶的地點。
②開放聽眾提出自己特別感興趣，或是希望詳細了解的地方。
③最後，聽眾用自己的話介紹你敘述的地點。

在課程上，我先請A來介紹：

我印象特別深刻的是小田原這個地方。在孩子升上國中之前，我們全家都住在那裡，現在孩子長大之後，我懷念起那個地方，想搬回去住。在這裡，我想向大家推薦小田原。為什麼推薦呢？主要有以下三項理由。

第一是氣候，小田原非常溫暖，冬天也用不到暖爐。

第二是食物，附近有個叫做「早川港」的漁港，捕撈的漁獲有一部分會打成魚漿，製作成關東煮食材，做出來的關東煮非常好吃。

第三是交通，小田原距離東京，只要四十到五十分鐘的車程。

透過A生動地描述，是不是覺得小田原這個城鎮很有魅力呢？之後，開放聽眾提問，再反過來聽對方說，便能深入地探討這個話題。只要熟記這類話術，在談話中適時加入能引起他人興趣的觀點，就能有效延伸話題，達成相談甚歡的雙贏局面。

常見狀況

課長：「你自己應該也很清楚吧？犯了那麼大的錯，部長才會主動要你當面跟他談。」

體貼回答

部屬已經聽課長說過好幾次了，而感到惶惶不安，整個人陷入空前的沮喪中。他原本已經有心理準備，會被部長狠狠教訓一頓，沒想到……

部長：「（他現在的感覺一定很糟，得想辦法讓他輕鬆一點才行，那就這樣說好了）哎呀，真是謝謝你了！」

部屬：「咦？謝謝我什麼？」

部長：「正因為你及時鼓起勇氣承認錯誤，我才能迅速做出判斷。雖然不希望你再犯第二次相同的錯，不過你幫了公司很大的忙，所以我才想跟你說聲『謝謝』。」

換句話說，將負面情緒導向正面

其實，這個例子的對話，出自某位員工第一次犯下嚴重錯誤的實況。這個部屬沒想到部長一開口，竟然是先向他說「謝謝」，從此以後，他面對工作加倍用心，避免再度犯錯，也比以前更加認真努力了。

將「憤怒」轉為「愉快」。

將「悲傷」轉為「高興」。

如果一個人能夠透過話語，讓他人的情緒瞬間從負面導向正面，那麼他無論跟誰溝通，都可以在談話中發揮真心關懷的思緒。不過，這絕非什麼困難技巧。只要帶著為他人著想的心情，任誰都能說出給予他人正面能量的話語。

常見狀況

A：「其實，我被醫生宣告得了癌症。」

體貼回答

這時候，你會怎麼接話呢？

B：「這樣啊，不過我想你是幸福的。」

A：「咦？為什麼？」

B：「我以前遭遇過一次重大車禍，當時覺得自己實在撐不下去。但是，那時我偶然發現，『自己努力要活下去的堅持和信念，會一輩子刻劃在我孩子的心中』。你跟病魔搏鬥、克服病痛的勇氣，一定也會長存在人們心中。」

傳遞幸福感

這是講師B對研討會學員A所說的話。A在說出自己的遭遇之前，可能期待B說出一些鼓勵的話。但是，B突然點出「你是幸福的」這個觀點，讓A察覺到自己接下來面對的考驗，將是人生中一段重要歷程，於是集中意志去對抗病魔。這段話讓人察覺未來存在的可能性，使人聽了為之動容。

這邊再分享一段某位媽媽實際經歷的小故事。那天，她覺得快要感冒，身體不舒服到連脾氣也變差了。好巧不巧在這個時候，她年幼的孩子不知為何，把房間弄得亂七八糟。這位媽媽不禁嚴厲地放聲怒罵：「我跟你說過多少次，東西要放回原位！」

不過，她日後細問之下才知道，孩子是為了幫媽媽找感冒藥，才拚命在家裡到處亂翻。雖是誤會一場，但孩子為了媽媽著想，卻受到狠狠責罵，當時內心受到的打擊可想而知。

在說出一句話之前，不妨先想想對方在聽了這句話後，心裡會產生什麼感受，並且選擇能夠為對方傳遞幸福的說法。這份努力，想必將成為連繫雙方穩固情誼的基石。

4 項原則搞定磁場不合的人

常見狀況

A前輩：「你不覺得這個提議還不錯嗎？怎麼，你好像很不滿？」
後輩：「沒有，不好意思，就照你說的試試看吧。」

體貼回答

若明顯表現出威嚇的說話方式，對方就算想提出意見，也難以啟齒。因此，可以這樣說：

B前輩：「不過，好像還有可以再討論的空間？」
後輩：「我覺得大致上沒什麼問題。不過關於這裡，我有些建議……。」

如何讓對方聽進自己的意見？

這兩段對話，分別給人什麼感覺呢？

有時候，人們會不自覺地將心中不滿的情緒，展現在態度與表情上。

B主動表現出「有改進空間」的態度，比較容易引導對方表達自己的意見，促成更進一步的討論。這樣的說話方式，在提出反對意見時也同樣適用。

常見狀況

當A、B的看法與他人不同時……

A：「我不同意！」

B：「為什麼要這麼做啊？」

體貼回答

就算上司或同事的看法與自己不同，首先要進行的重要步驟，就是不著痕跡地肯定對方的想法。
「雖然這可能不是最好的方案……怎麼樣？各位覺得值得一試嗎？」
「雖然覺得有點可惜，不過各位這麼決定了，我們就試試看吧！」

這樣的說法，能夠讓對方知道自己的立場：「雖然不是完全贊成，不過願意認同。」

就像有時我們在搭乘大眾運輸交通工具時，會遇到戴著耳機，把音樂放得很大聲的人。如果不修飾言詞，直接對他說：「音樂好吵！」很可能會讓現場有些火藥味，不過若提點一下對方：「你的音樂好像有點太大聲囉？」大多數人聽了，都會默默地把音量往下調。

這是不著痕跡地給對方台階下：「這並非給別人帶來麻煩，可能只是你沒注意到而已。」這樣反而比較容易達成溝通目的。

對於自己不擅長應付的人，通常會盡量避開與對方接觸的機會。不過，只要懂得在說話時為對方留些餘地，便能順利地溝通與交談。

常見狀況

A：「怎麼樣？你聽得懂我剛才的解釋嗎？」

B不發一語。

A：「你說話啊！你有在聽嗎？」

體貼回答

在一陣沉默，對方顯得有些疑惑時，適時加上一句「我再解釋一次」，會瞬間改變現場的氣氛。感情用事地催促，只會讓人感到不愉快。

A：「很複雜吧？那我再從其他角度切入。」

別害怕沉默，對方只是需要思考

如果聽者突然不發一語，講話的人會開始心神不寧。在與人溝通時，許多人應該都曾經遇過雙方同時陷入沉默，開始覺得有些尷尬的狀況。不過，沉默有時候並沒有這麼可怕，因為對方很可能只是單純在思考談話的內容。

每個人都有自己思考、談話的步調，所以不要害怕沉默無語的氣氛，冷靜應對即可。

常見狀況

A：「我的興趣是看電影，大概一個月會去電影院看四部！」

B：「不好意思，我對電影完全沒有研究。」

體貼回答

直白地說出「我不懂」，等於為話題劃下句點。你可以試著轉換成以下的說法。

C：「是喔！不好意思，我看過的電影不多，最近有哪些熱門電影呢？」

提出「雙贏」話題，和誰都能聊不停

B和C都不熟悉電影相關話題，也沒什麼特別的興趣，但藉由C的提問，可能從中衍生出更多不同的話題。

任何都會覺得，被逼著聽自己不感興趣的話題，是很痛苦的事。然而，對方講得那麼開心，自己卻不客氣地展現出感到無趣的態度，也很沒禮貌。

在這種狀況下，為了避免先入為主地認為「這件事我根本沒興趣，所以與我無關」，首先可以思考這個話題與自己的共通點。而且，不要只是被動地聽對方說話，可以往自己特別感興趣的方向提出問題。

事實上，在體貼回答中，C的提問可能關係到最近市面上熱門商品的趨勢，甚至是有關經濟、商務的話題。

此外，了解A喜歡的電影，可以得知A的興趣及喜好。藉由「讓雙方的對話成立與延續」的話題，能夠提升自己及對方的滿足感。

相反地，當自己說話時，可以一邊觀察對方反應，一邊把話題帶到對方可能感興趣的點上。只要習慣這樣的做法，就會自然而然意識到跟不同人之間的談話訣竅，例如：「跟這個人講話時，可以在談話中舉出實例」、「那個人喜歡談論時事，這方面的新聞他應該會感興趣」。

在談話中，其實不需要特別迴避雙方不感興趣的話題，將這樣的機會當作獲得新知的一扇窗，不是更能體會談話的樂趣嗎？

常見狀況

上司：「你太不拘小節了，在工作上要更謹慎一點。」

部屬：「非常抱歉。」

上司：「不過，你開朗的個性也幫了大家不少忙，以後繼續發揮這項優點，好好加油吧！」

體貼回答

這是個用「正向收尾」來總結對話的案例。不僅能運用於責備他人，在與別人道別時，也能發揮畫龍點睛的奇效。

「今天聽了不少有趣的事情，真是開心！」

「謝謝你還特地過來，真是得救了。」

不吝嗇肯定他人，讓互動更圓滑

「正向收尾」的意思是：「一開始表示批判，但最後仍肯定對方的表現，讓對方受到鼓舞，才結束對話。」

在常見狀況中，上司想對部屬說教，但由於認同他開朗的個性，所以沒有特別嚴厲訓斥，而是以正面說法來結尾。不過，這樣的說話方式有時會讓對方缺乏改進的動力。

在工作上，該斥責部屬時，還是得好好教育一番。這時候，可以視情況使用正向收尾的說話方式。

能不能發展出長期的人際關係，關鍵在於自己能否讓人覺得：「好想再見你一面。」因此，為雙方的互動劃下一個完美句點，是非常重要的事。

貼心對話的 4 大心得

話題正向收尾

給對方台階下

不害怕沉默

避免好惡分明

只要掌握這些重點，
就能打動人心！

- ☑ 傳達你的誠意。
- ☑ 不用「都說……」、「就跟你說……」等 NG 用語。
- ☑ 別直接否定對方。
- ☑ 避免「語意不清」、「暗喻」的表達方式。
- ☑ 「表達三要素」，就是言語、誠意、行動。
- ☑ 不過度情緒化。
- ☑ 生氣過後，應該安撫對方的情緒。
- ☑ 不直白拒絕，而是讓對方知道你不得不這麼做。
- ☑ 用點心思，將他人的負面情緒引導成正面情緒。
- ☑ 找出「傳遞幸福」的訊息。
- ☑ 對於原本不感興趣的話題，可以透過提問來發現樂趣、增長知識。

第四章

改變你NG的回話態度，就能讓危機變轉機

對方說錯話，千萬別一直追打！

常見狀況

提問者：「這邊有一支藍筆。」
A：「那是黑筆吧！」
提問者：「對不起，我說錯了，是黑色的。」

體貼回答

B：「那是藍筆嗎？」
提問者：「咦？啊，是黑筆。」

別執著糾正他人的無心小過錯

在常見狀況中，提問者因為一時弄錯而說錯話。對於提問者不小心將黑筆說成是藍筆，A與B兩人回應的最大差異，在於是否讓提問者**道歉**。

A造成提問者必須道歉，是因為A用「那是黑筆吧」這句話，否定及糾正提問者。另一方面，B用「那是藍筆嗎？」這句話，提出問題點，不過沒有否定提問者。雖然B乍看之下只是單純的再確認，但實際上這正是所謂「較婉轉的糾正」。

另一種類似的情況是，說明者口頭上說「有三項要點」，文件上也確實如此記載，但他卻比出兩隻手指。遇到這種情況，即使善意裝作視而不見，也不會有問題，不過有許多人在意這種細節。

糾正他人的小錯誤，對於人際關係不會有正向的助力。相反地，提出指責的人很可能被周遭視為「白目」。當然，若是非常大的錯誤，則另當別論。能否明確判斷問題輕重，決定是否該糾正錯誤，狀況的拿捏變得很重要。

常見狀況

上司：「能不能麻煩你把這次會議內容，整理得淺顯易懂一點？」
部屬：「（聽不懂這是什麼意思，但不敢問）好的，我明白了。」
資料交出後，上司立刻駁回：「這什麼東西？給我重做！」

體貼回答

為了避免這樣的事態發生，可以善用以下的講法向對方確認。
上司：「能不能麻煩你把這次會議內容，整理得淺顯易懂一點？」
部屬：「好的，整理成之前那樣的形式可以嗎？大約四張A4左右。」
上司：「沒問題，就那麼辦吧。拜託你囉！」

避免指示不清，請主動向對方再確認

「這個拜託你彙整一下。」諸如此類的要求，不時從上司口中傳出，然而這是容易讓人誤會的說法。所謂的「彙整」，究竟是要做到什麼程度，具體上該如何呈現，僅憑一句話實在無法斷定。部屬即使滿腹疑惑，面對上司實在無法說出：「這樣的要求太模糊了，我不明白。」

所以，部屬只能回答「明白了」，然後靠自己的想像，構築出上司要求的內容及呈現方式。但是，最後交出報告時，往往被上司批評「完全不行」而駁回，並且需要重做。

如同前面的例子，向上司提出具體可行的方案，來獲取更多資訊，將有助於增進工作效率。當然，上司下達曖昧不清的指示也有很大的問題。倘若你擔任主管，請提出具體明確的指示：「像之前彙整A社資料那樣，處理這次報告。」

當上司說，這件事你怎麼沒跟我說時……

常見狀況

A：「你旅行玩得如何啊？」

B：「咦！你去旅行喔？怎麼沒有跟我說呢？」

你：「其實我正想跟你說啦……。」

體貼回答

你：「B我跟你說喔，前陣子我去旅行了。」

B：「喔？這樣啊？」

A：「那結果如何？好不好玩啊？」

先發制人，避免不必要的誤會

常見狀況中，無論是你或A，想必當下都會感到尷尬。你並非故意不告訴B，只不過剛好找不到適當時機。不過，縱使再三解釋，B勢必會覺得自己不如A重要、被看輕了。事實上，我們可以**先發制人**。在A說出來之前，先向不知情的B說明。

人與人之間的信賴關係，時常因為這些小誤會而萌生隔閡，所以遇到這種情形時，除了誠摯地向對方表明自己無意隱瞞，期待對方能諒解之外，沒有其他方法。但實際上，我們可以有技巧地避免誤會發生。

如果像體貼回答一樣，B事先從你口中獲得資訊，之後不管A對旅行提出什麼樣的問題，B都不會心存芥蒂。同樣的技巧可以運用在商務洽談上。

常見狀況

上司A：「剛才收到櫻井的報告，關於○○的事，你應該略有耳聞了吧？」
上司B：「沒有，我現在才知道。」
上司A：「咦？是這樣嗎？」
上司B：「櫻井，你怎麼沒有先告訴我？」

像這樣的情況，最好是先發制人，讓不知情的人也知道整體情勢的發展。尤其最近在公司裡，多以電子郵件的方式提交報告，這時候記得善用副本，以及不會一併出現其他郵件地址的密件副本。

除了勤報備，還要勤拜訪、勤用電子郵件或書信告知，我將這些技巧統稱為**「三勤」**。無論是報備、聯絡或是商談，只要殷勤、積極一點，就能夠避免額外的麻煩產生，並順利完成任務。為了避開不必要的爭端，請不辭辛勞地多多向上司與合作關係人報告。

頻繁聯繫，讓工作進展更順利

對方無端指責，這樣回答讓他馬上冷靜下來

常見狀況

客戶：「明明說好連同售後保養一起負責，你們公司的G卻不認帳！」

上司：「你應該可以處理好這樣的事，但怎麼總是到最後就疏忽呢？」

母親：「是不是差不多要結婚成家了啊？」

體貼回答

A：「本公司的G為您帶來諸多困擾，本人表達誠摯歉意。」

B：「無法回應課長對我的期待，實在深感愧疚。」

C：「媽，對不起，總是讓妳掛心。」

道歉有技巧，讓對方知道你能體會感受

接下來我要談的是道歉用語。我們常會被對方單方面抱怨、說教或是催促，這時候必然會感到厭煩：「為何我要被你說成那樣？」不過，這樣的看法片面且不完全，只是單純聚焦於對方的行為。所以，試著想想「為何對方會表露那種情緒呢？」如此一來，或多或少能理解為何對方針鋒相對。

我們一起看看A到C的道歉範例。A的道歉對象是對公司不滿的客戶。B則是在理解上司對自己期盼落空的心情後，向總是說教的上司道歉。C的道歉對象是在老家催促結婚的母親，C必然是體認到母親「總是為孩子幸福著想」的情感，才會如此答覆。

雖然並非道歉一定能改變什麼，但最重要是要**向對方傳遞「我能理解你的感受」**這件事。對方在明白「原來你知道我是為你著想」後，態度也會趨於緩和。所以，當你單方面受到指責時，先冷靜詢問對方感受，然後試著站在對方的角度看待問題，必然能理解對方的思慮。

對方死不承認，耐心確認給台階下！

常見狀況

A：「那時候我不是告訴過你了嗎？」
B：「不，我沒有聽說過。要是我知道，應該就不會發生這種事情了！」

體貼回答

先坦承自己也有過失，如此一來，對方應該能諒解。

「真是抱歉，我單方面以為已確實將訊息傳達給你了，而忘記再次確認，真的很對不起。」

「因為已經從○○那邊收到確認訊息，我當時才沒有再向你確認，真的很抱歉。」

先冷靜，表明自己也有疏忽

上述的對話，在日常生活中應該屢見不鮮。主張「明明已說過」的你，想必會對主張「明明沒聽說」的對方感到惱火。不過，要是當初沒有明確將訊息傳達給對方，就不能算是「我告訴過你」。因此，要是遇到這樣的情況，可以參考體貼回話的方法。

當事情陷入「明明說過、卻被當成沒說過」的窘境時，請先試著讓自己和對方冷靜，才能夠找到正確的解決之道。

常見狀況

客戶：「請問關於上週提案的信件，什麼時候才能收到？」

A：「前陣子應該已經寄出確認信件，我這邊還留有寄件備份，請問有需要再寄一次嗎？」

體貼回答

倘若希望與對方建立長久的合作關係，可以試著用下面的方式應對：

B：「真是非常抱歉。雖然已經以信件通知，不過這個案子非常重要，為了避免意外，我會再次致電向您確認。」

即使已寄信，也要打電話再確認

為了避免雙方認知不一致，重要的聯絡都透過電子郵件寄送，確實不失為一個好方法。

但是，當問題發生時，許多人會像A那樣，表現出「我已經寄過，還有備份當證據」的強硬態度，並且在不經意之間，將這個事實強加在他人身上。雖然這樣確實能證明並非自己的錯，卻會變成在指責對方的過失，有損自身形象。像B一樣強調是自己的確認不足，才是真正為對方著想的說話方式。

在現今資訊發達的時代，用電子郵件處理商務工作已是理所當然。信件通常都採用一齊送出的方式，造成即使對方沒有回信告知「收到了」，也不會主動確認的不良習慣。這種單向溝通讓人際關係越來越薄弱。

電子郵件固然是便利的工具，不過要是沒有適時地直接與對方交流，很難加深彼此的關係。其實，僅靠一句話，就能夠避免彼此之間的不愉快，所以對於重要的事，除了用電子郵件通知之外，也要不厭其煩地以電話或其他方法再次確認。

在人際關係中留些餘地

對方家裡發生重大變故，怎樣回答才不會陷入尷尬？

常見狀況

A：「你今天好像跟平常不太一樣，怎麼臉色這麼凝重？」

B：「關你什麼事啊！不要管我！」

體貼回答

或許有人會認為A這樣做根本是自討沒趣，不過實際上卻不盡然。

A：「我怎麼可能放著你不管呢？」

務必「多管閒事」，鼓舞他人

僅僅是打聲招呼，甚至不經意的關心，都能夠幫助陷入困境的人脫離不好的狀態。或許當下會被認為「多事」，不過事後對方反而可能會感謝你。

當人陷入孤立時，會不由自主偏向負面思考。最近，許多人因為人際關係不佳而引發精神疾病，就是自己把自己逼入困境。

在心理學中，以話語或行為激勵他人的動作稱為「刺激」（stroke）。「刺激」又分為兩大類型：肯定對方存在價值的「正面刺激」，以及否定對方的「負面刺激」。藉由稱讚、激勵、幫助等正面行為，可以提高對方的自尊心；另一方面則是透過責罵、指責等負面行為，降低對方的自尊心。

下次身旁要是出現沮喪的人，千萬不要視而不見，即使只講一句話，也試著與對方搭話看看。

自己疏忽造成對方不悅？用道歉的技術化解難題

常見狀況

假如你是一家糕餅店的店員。有位客人買了三個蛋糕，但你一時大意，盒子裡只放了兩個。客人回到家後才察覺不對勁，怒氣沖沖地打電話到店裡。

客人：「我明明買了三個蛋糕，怎麼回家打開來只有兩個！」

體貼回答

店員：「想必這件事讓您相當失望，真的非常抱歉。我現在馬上將新的送過去給您，方便告訴我您的住家地址嗎？」

試著站在對方的立場思考

當發生重大失誤時，只能誠心地道歉了。不過，這裡的道歉並非「因為我犯錯而道歉」，而是對於**「因為我失誤，造成對方困擾或不便」這件事道歉**。所以道歉時必須反覆思考：「究竟對方因為我的失誤，產生什麼樣不愉快的回憶？」然後誠摯地傳達歉意。

試想，如同常見狀況，客人興高采烈地拿蛋糕回家，打開盒子才發現少了一個，如果這種事情發生在我們身上，勢必會因為期待落空而失望不已。

站在對方的立場思考，打從心底致上最誠懇的歉意，稱為**「感同身受」**。在絕大多數的場合裡，只要能向對方傳遞感同身受的想法，都能夠有效緩和對方的情緒。

相反地，若遇到即使道歉仍得不到諒解的情況，必須思考自己的態度或言行，是否透露出「再怎麼樣也不必惱怒到這種程度」，或是「只要是人都會犯錯」這類天真的想法。

傳達你發自內心的想法

我買了三個蛋糕，回家卻發現盒子裡只裝了兩個……。
想像對方的狀況和感受，打從心底致上最誠懇的歉意。
讓您失望了，真是非常抱歉！
好失望……

如果你曾有過道歉也不被諒解的經驗，你可得好好省思自己的言行，是否有不得體的地方。只要習慣凡事從對方的立場思考，並理解對方的感受，即使犯下重大失誤，應該也能順利化險為夷。

提案被高層否決？與其抱怨不如……

常見狀況

部屬：「為什麼這份企劃案會被否決呢？部長到底在想什麼？」

你（課長）：「部長說不行，所以也沒辦法啊！」

部屬心想：「主管真的有拿給部長審核嗎？」

體貼回答

前面的說法，不僅無法讓部屬接受，還可能影響部屬對你的信任。因此你以這樣說：

「我覺得這個提案相當不錯。不過部長表示，這項企劃案實在消耗太多預算。我想你應該也察覺到，公司現在的營運狀況不是非常樂觀。即使如此，我認為公司不會輕易放棄這項優秀的企劃案，未來若財務狀況許可，應該很可能付諸實行。所以，在機會來臨前，請你多多忍讓，先順從部長的營運方針，等到情勢好轉，就是你表現的機會了。」

讓他感受你的相挺，再慢慢說服

你身為課長，將部屬信心滿滿擬訂的企劃案提交給部長，但企劃案最終被部長否決。為了讓部屬能認同並理解被回絕的原因，你必須將提案失敗的原因逐一分析給他聽。

在這樣的情況裡，最重要的是，你要讓部屬在第一時間理解，自己贊同他的企劃案，接著誠實說明公司目前的決定，最後則承諾這次的提案絕對不會就這麼付諸流水。

依循上述步驟，應該能夠順利說服部屬。我將這個方法稱為**「逆向說服」**。這並非只是一味地告訴對方「不可行」，而是告訴對方自己與他站在同一陣線：「雖然現在沒辦法，不過我一有機會一定幫你提出這項企劃。」如此一來，部屬比較能夠接受被回絕的原因。若是想要順利地安撫與說服對方，逆向說服不失為一個好選擇。

三明治主管真為難？「反覆確認、不忘冷靜」兩招搞定

常見狀況

A：「前些日子的會議中，公司決定要拓展銷售通路了。」

B：「這樣啊？」

A：「大家只好接受這項命令，目前正努力推動新方案。公司高層這樣說，我不是不能理解，但不久前才決定銷售方案，現在卻……。」

體貼回答

你若身居統合要職，就必須適時向周遭尋求協助，廣泛地徵詢意見。

「公司高層提出這樣的意見，大家怎麼看呢？要不要試著再檢視一下現行的企劃概念？」

不滿，多是因為無法認同

如同前面的對話，公司的命令與方針時常朝令夕改。當計畫整體方向已經確定，該以什麼樣的內容與方式進行也塵埃落定，掌握最終決定權的高層卻突然推翻整個計畫，變成要從頭開始發想。

參與計畫的成員必定覺得相當不服，畢竟已經花了那麼多時間與精力討論。面對這樣的情況，你要先保持冷靜，試著讓上司回想至今已討論過的所有方針，才是最好的方法。

不過，如果身處上意下達的公司，僅憑一句「這個不行」就突然更改計畫的例子，也不少見。

即使高層突然更動方針，下面的人通常會認為對方是高層，對於計畫的運籌帷幄必定很出眾，於是最後會覺得「乖乖服從命令就好」。

變來變去的政策，常讓部屬覺得很無奈、厭煩。不過千萬要記得，他們會感到不滿，並非因為變來變去，而是無法認同更動的原因。

既然要改變方針，就必須向部屬清楚說明理由，以凝聚共識。若是眾人都能夠理解與認同，就不會萌生不滿的情緒。決定重大事項時，必須不斷地反覆確認方針與執行方向，並保持冷靜思考。

要改變既定方案，必須有明確的理由

拒絕對方，又不傷和氣的最高境界就是「誠懇」！

常見狀況

「雖然您這麼說，不過很遺憾，我們無法任意更換客戶。」

「我的部門能力有限，恐怕很難達到上述的要求。」

「以本公司的預算來評估，可能有些困難。」

體貼回答

「或許其他部門能為您達成目標，需要為您聯絡看看嗎？」

「雖然本公司無法為您達成此項任務，不過下列這些公司也許能夠勝任。以我個人的名義詢問也沒關係，請問有需要幫您聯絡嗎？」

只要表現誠懇，就不怕得罪人

縱使對方寄予厚望，有時考慮公司立場，實在無法盡如人意。這是工作上經常會發生的狀況。但即使是艱難的請求，果斷地拒絕對方，將很難進一步發展彼此的關係。如果表露出「正為了對方的請求而努力」，便能夠獲得對方的體諒。

對客戶的任何要求百依百順，不是善解人意的表現。不過，並非要從一開始就回絕，而應該在能力範圍內努力嘗試，並將這份誠懇傳遞給對方。這麼一來，即使最後無法達成要求，也能夠打動對方的心。

改成這樣的說法，能有效提升好感度！

★想要激發部屬工作熱忱時

✕「你怎麼連這種事都做不好啊！」

◯「你覺得要怎樣做，才能讓進度順利呢？」

試著用提問的方式引導對方思考。

★向上司提出建言時

✕「這樣做比較好啊！」

◯「我認為這樣的方式比較好，您怎麼看呢？」

試著徵求上司意見及認可的說法。

★拜託同事幫忙時

✕「你不是很閒嗎？」

◯「百忙之中打擾了，其實我有一個不情之請……。」

即使對方是熟識的同事，也要保持禮節，試著用能激發他幫忙意願的說法來勸誘。

★向加班的同事打招呼時

✕「什麼，原來你還在啊？」

◯「你真拚命啊，加油！」

記得善用肯定對方的措辭。

NOTE

第五章

那些容易博得好感的成功者，都怎麼說話？

10個正確說話好習慣，幫你在關鍵時刻做到……

出現突發狀況時？

▼好習慣①：要傳達更多關懷

請每天問自己一遍：

「該用什麼方式，才能完整表達我的想法呢？」

「若是這樣稱讚對方，不知道他會不會覺得高興？」

還記得那是我踏入社會第三年發生的事。那時候，有一位很愛講話的上司，我一直都不善於面對他。

有一次，我和那位上司一同開車去拜訪客戶。我因為緊張，一直很小心地駕駛，不過那位上司不斷催促我：「要是遲到，我可饒不了你。」他本來就是我應付不來的上司，這樣催促更讓我驚慌失措，在行經交叉路口時，顧不得當時號誌正要變換，就這樣闖過去。當天的運氣不太好，正巧被警察撞見，於是被攔下來。

「慘了，怎麼辦啊！」我當時嚇到腦袋一片空白。此時，坐在副駕駛座的上司打開車窗，告訴警察：「真是抱歉，都是我一直叫他快點前進，才會發生這種事情。其實我們與客戶約好要會面，時間有點緊迫，才會一時逞快，真的很抱歉……。」

從進公司以來，我從未被那位上司袒護過，這個舉動實在讓我倍感訝異。後來警察只是口頭告誡，就讓我們離開。即使只有一瞬間，那位上司的舉動讓我打從心底對他另眼相看。

生活中偶爾會遇到意外。這時候能否在短時間內振作，並激勵周遭的人，端視平常是否有讚美、激勵的意識及習慣。

在遭遇突發狀況時，你能否將關懷確實地傳遞給他人呢？**試著對周遭的人投入更多關心，傾注更多情感到話語中，或許就能讓別人更容易感受到你的關懷。**

倘若平常完全不關心周遭的人事物，必定無法掌握鼓勵或關懷他人的最佳時機。試著增加自己的詞彙量，以備在發生意外的當下，可以用最適當的話語激勵、安撫他人。

陷入主觀看法時？

▼好習慣②：換個角度思考

被上司責難時，千萬不要覺得「他一定很討厭我」，應該換個角度想：「上司其實是為了磨練我。」

當自己產生「肯定是這樣」的先入為主想法時，就可能在對方真正需要關懷的時刻，傳遞錯誤的訊息及情感。也就是說，**自己先入為主的偏見，會使我們無法真誠地關懷他人。**

有個關於火災現場勘驗的故事。某日，只住著一位男性的木造平房，突然遭逢火災而付之一炬。這位屋主是附近有名的醉漢，據說幾乎整日都泡在酒缸中。

根據現場調查，屋內電子爐所在之處被燒得焦黑。由於時值冬季，消防員依據過往經驗先行推斷，隨後叫來屋主做最後的確認：「電子爐灶燒得焦黑，該不會是你忘記關掉吧？」

「沒有，我沒有忘記切掉電源。」不過，這時消防員再次質問：「你該不會在說謊吧？」男子不甘示弱地斷言：「絕對不會忘記！關於用火的事情，我絕對不會掉以輕心！」

後來，詳細調查住家附近之後，發現某些燃燒物的痕跡，意味著這是一起人為縱火案件。消防員雖然沒有用強硬的態度處理此事，但對於屋主抱持先入為主的偏見，導致最初無法正確判斷是非對錯。

這個例子或許比較特殊，不過我們應當時時刻刻反省，**自己是否僅憑一些謠言，就對不擅長應付的上司、處不來的同事，產生先入為主的偏見？**

試著盡可能拋開偏見，在看待其他的人事物時，以正面的角度面對，或許就能夠看見事物的不同面貌。

想要批評、責備時？

▼好習慣③：堂堂正正詢問，先釐清真相

某家公司來了一位做事迅速又有才幹的新人，對於前輩提出的論點能夠輕而易舉地提出過失，任何人都比不上他。優秀固然是好事，不過他總是不留情面地指出是非對錯，因此有不少同事覺得他有些乖張，甚至不盡人情，而上司也為這件事煩惱不已。

上司苦勸他：「雖然你說的固然都是正確的事，不過要是像剃刀那樣，一下就把別人的退路切掉，絲毫不給人留台階，最終只會讓身邊的人不願伸出援手，而陷入孤立的處境。」但他頂多只是回答「明白了」，態度依然沒有改變。

就這樣一直持續到某日，這位新人從某次聚餐的隔天開始，因不時遲到而成為眾矢之的。「他是不是看不起這份工作啊？」有些批評他的負面聲浪漸漸出現。

上司原本也打算給他一點警告，不過最後還是想先了解事情的原委，再下決定。所幸這位新人的家就在公司附近，前往拜訪並不會花費太多時間，因此上司決定趁著早上來公司時，順道過去瞧瞧。上司到了新人的住家附近後，正巧看見他穿著白色襯衫，手提垃圾袋慌慌張張的身影。

上司走過去和他打招呼，並說明來意。據新人所言，他的母親臥病在床，最初因為不習慣家務，以及得負起照顧母親的責任，會忘記時間而遲到，不過現在已經漸漸習慣了。新人向上司保證，以後絕對不會再遲到。從那以後，他的勤務表現又如同以往那般優異。

若上司一開始就不分青紅皂白地指責新人，會怎麼樣呢？在什麼也不了解的情況下，就告訴新人：「我都是為你好，才這麼嚴厲告誡你！」他又會怎麼想呢？

在生活中，我們經常因為自己覺得對方需要幫助，就伸出援手，但十之八九都會被當成「多管閒事」。例如：眼前有一位年長者，你正打算讓位，雖然這是為對方著想的行為，但有時候對方會以「我還沒這麼老」為由狠狠地拒絕。**所以我們應該先詢問對方：「請問你需要座位嗎」，而非直白地說：「請坐」**。

「鼓起勇氣，堂堂正正地詢問」，能幫助我們認清事實真相，避免不必要的誤解，並將關懷與體諒確實傳達給對方。

與他人初次見面時？
▼好習慣④：仔細觀察，培養洞察力

想讓對方覺得貼心，應該怎麼說話比較好呢？若對方是自己熟識的人，還不至於很困難。若雙方是初次見面，能言善道的人也會不知道該從何聊起。不過，透過觀察，就能摸索出對方的喜好與興趣，例如：**從房間裡某樣東西延伸的話題、身上穿搭配件的話題、從個人形象聯想到的話題**。

該用什麼樣的話題作為開端？請仔細觀察對方，再做決定。舉例來說，當你被叫進社長室，一進門就看見架上排列著滿滿的高爾夫獎盃，你便可以推測社長熱愛高爾夫。

適時觀察周遭的陳設物品、獎狀或相片，都會發現意想不到的資訊：「原來社長對地方有很大的貢獻」、「原來社長平時會關注環保議題」、「原來社長對自己家商品的品質很有自信」、「原來社長很重視員工」、「原來社長私下很注重養身」等。

透過觀察力找出最適切的話題當作開端，即使初次見面的人，也會覺得彼此興趣相投而留下好印象。當你將觀察力練到爐火純青之境，就會擁有能推斷對方目前狀況，並適切發言的洞察力。要做到這個程度，其實有些難度，我在此舉個例子。

前些日子我去藥局一趟，當天負責看店的是一位戴著口罩、年約五十歲的店員。我與排在我前面的客人，剛好都跟他聊了幾句，不同的是前面客人的語氣顯得有些不以為意，而我則是帶著笑容和他搭話。大家覺得接下來會有什麼不同的發展呢？

前面的客人說：「原來藥局店員也會感冒啊。」我意識到店員很在意，自己明明是藥局店員卻不小心感冒，於是我說：「藥局店員也不好當呢。」

店員聽聞後，依照搭話內容做出不同的回答。對於前面的客人，店員彎腰致歉，低聲說：「就算是藥局店員也會感冒喔。再怎麼說，也是一般人啊。而且，來這裡的客人大多都是抱病前來，想不被傳染都很困難。」言詞之間透露些許反諷的意味。

其實，店員肯定相當在意「明明是藥局店員卻感冒」這件事。不過，或許他對於我說「藥局店員也不好當呢」感到欣慰，於是這樣回答我：「雖然我在藥局擔任店員已有好長一段時間，但實際上很少感冒。『藥局店員感冒』這種事，畢竟不太像話，這十幾年來我沒有感冒過，但一感冒就這麼嚴重……。」他察覺到自己一不小心就自顧自地說起來，於是稍稍停頓一下，才接著說：「您也要多多注意身體。」在談話最後，店員反而擔心我的身體狀況。

能夠看穿對方真正的心情，正是所謂的洞察力。無論是觀察力或洞察力，都只能透過經年累月來鍛鍊。如果不放過任何仔細觀察的機會，適當推測他人的背景，習慣之後，應該就能體悟出訣竅。

觀察力和洞察力，讓你有說不完的話題！

和男（女）生夥伴溝通時？

▼好習慣⑤：表達方式要因人制宜

假設你是男性上司，正想要鼓勵失敗的女性部屬。在搭話前，你得先想一想：「要讓這個部屬開心，應該找誰來跟她談談比較好？」比起親自出馬，有時候找女性部屬，或是與她關係較好的前輩來鼓勵她，效果或許會比較好。

在慶祝場合中，需要上台發表賀詞時也是如此，最好先找其他人討論遣詞用字是否得體。

每個人都有自己的偏好與想法。正因為如此，我們需要透過與周圍交流，多方改善自己的缺點，讓自己變得更完美。適時和別人商討，或是尋求對方協助，也能磨練我們的對話技巧。

常見狀況

教授：「不好意思，雖然有些突然，不過請你用一秒鐘說一下自己的夢想。」
學生：「欸？」

體貼回答

換個場景看看。
孩子問：「老爸，你的夢想是什麼啊？」
父親不假思索地回答：「實現你的夢想，就是我最大的夢想。」

只有幾秒就得提出答案時？

▼好習慣⑥：鍛鍊用一句話表達的能力

「用一秒介紹自己的工作」、「用一秒形容自己」、「用一秒闡述自己的信

念」。想要抓住對方的心，最好的方法不外乎用一句話讓對方吃驚。

常見狀況中的例子，據說是某個人在大學時，被擦身而過的教授詢問的問題。這位突然被搭話的人因為事情過於突然，而完全無法回答。不過，要是這時候回答出具有衝擊力的答案，勢必能增加自己的印象分數。

在體貼回答中，父親的那句話是不是會讓孩子無法忘懷，一步一步邁向自己的夢想呢？**衝擊性的表達方式，有時會化為成功的助力**。

該如何鍛鍊自己的表達能力呢？其實，可以先從報章雜誌、廣告標語著手，從其中擷取最有印象的部分，然後消化這些素材，變成自己的東西。而且，你可以透過網路媒體，來練習清楚表達自己的想法，進而琢磨自身的語感。

常見狀況

「為什麼日本的超級電腦非得是世界第一不可？」

議員：「因為……呃……所以……。」

「到底是怎樣？」

體貼回答

從前有一段時期，大家對於前面這個問題爭論不已。與會的議員大多被罵得很慘，但要是真的有心想稱霸世界，就應該篤定地說出主張，不僅可以讓你的看法更易於了解，而且不會遭到反對。

「請問各位，日本第二高的山是哪一座山？這個問題有幾個人回答得出來呢？但是，如果問題換成日本第一高峰，想必在場的各位都能立刻回答是『富士山』吧。也就是說，不成為代表性的存在，就很難留存在別人的記憶中。」

面對QA問答或面試時？

▼好習慣⑦：模擬情境，用一分鐘抓住重點

關於對話，無論何時何地，都可能發生預想之外的狀況。這意味著，事前的任何預測未必能派上用場。不過即便如此，**事先假想自己接下來將展開什麼話題，仍然非常重要**。你可以想像自己與他人交流對談時，能談論哪些話題。

例如，在不同行業的交流會中，不乏有「在一分鐘內介紹自己」的機會。對於不習慣表達自己的人來說，這其實相當困難。不過，有一些人明明講得超過時間，卻還一直說個不停，他們不顧很多人排隊等著上台，擅自佔用他人時間，自顧自地講得很起勁。這種行為會被旁人視為「缺乏同理心」或「自以為是」。

因此，最好透過事前練習，掌握自己在一分鐘之內能夠說些什麼。如此一來，在正式上場時，便能說出條理分明、切中要點的自我介紹。

若是事先準備，就能避免在話題中插入過多的題外話，而且聽眾比較容易理解。初次見面的自我介紹，越簡單越能在對方心中留下好印象。除了自我介紹之

外，商務洽談之前，也可以藉由模擬練習，讓自己的話變得更淺顯易懂。

在模擬練習之際，有幾項重點需要留意，比起縝密地計畫對談內容，還不如針對不同類型的談話進行沙盤推演，例如：「這樣的場合就這樣說」，或是「這個領域有這樣的話題」等，會比較好上手。

如果以強行記住一言一語的方式來練習，稍微說錯一句話，就會變得不知所措。因此，**將要點記在腦海中**，屆時比較容易回想。

模擬越多的狀況，越能提升自身的應用能力。雖然不見得每個假想都能派上用場，但或許可以應用於其他場合。為了讓自己更有自信地對話，請養成事先準備與演練的習慣。

常見狀況

透過內線電話說明來意。

我：「喂，我跟〇〇約了六點會面。」

櫃台人員：「好的，我明白了，請您稍待一會兒。」

體貼回答

在這樣的狀況下，櫃台人員應該這樣應對，才會顯得得體：

櫃台人員：「請您掛掉電話後，在旁邊的沙發稍坐等候。」

電話、書信交流卡卡時？

▼好習慣⑧：想像對方的處境，直接交流

常見狀況的例子，來自我的親身體驗。當時我站在一樓足足三分鐘，跟我約見

面的人才終於出現在入口。這顯示櫃台人員在電話應對上，有明顯的疏失，不時造成來訪客人不悅。

雖然用電話溝通能直接和對方說話，產生的誤會相對比較少，但也有不便之處，像是非得用口語來解釋「寫下就能立刻明白的事」。

例如，在說明「TD」這詞的拼法時，若是透過信件，一看就知道是寫成「TD」。但是在電話中，必須逐字逐句告知對方是「Tokyo 的T，Disneyland 的D」，才不會產生誤解。

另外，由於電話溝通有特別的問候語句：「請問您現在方便嗎？」因此依據狀況不同，有時必須配合對方的時間再次致電。像這樣特意為對方花費時間與心力的表達方式，能夠讓對方感到備受重視。

過於習慣書信往來，會很難一邊想像對方處境、一邊對話。電子郵件終究只是工具。為了更加了解對方，不能只依靠書信，最好能養成直接對話、交流的習慣。

常見狀況

信件內容：「有沒有人能帶攝影機去？如果可以請回覆一下。」
回覆者A：「不是櫻井說要帶嗎？是不是有人搞錯了？」
回覆者B：「不對，寄這封信的就是櫻井啊。」

體貼回答

要避免這種情形，其實只要詳細說明原委，簡單地據實以告：
「很抱歉，我因為家人要用，臨時無法帶去，有沒有其他人能幫忙呢？」

電子郵件的內容讓人誤會時？

▼好習慣⑨：詳實說明，並注意細節

這是我自己的例子。前些日子，我與朋友討論一些事情時，正好提及聚會當天

要由誰帶攝影機去會場。我因為正好有一台攝影機，所以自告奮勇地提議由我來準備。

但是，當我返家跟家人確認後才發現，我要用攝影機的那天，剛好家人也需要使用。無奈之餘，我只好寄信給朋友，詢問那天有沒有其他人可以幫忙帶攝影機。不過，因為過分簡短的問句，導致溝通上的誤會。

當面和其他人解釋的時候，通常不會有人省略這部分。**不過，當我們用信件告知狀況時，往往會忘記站在對方立場思考，而省略了一些該說的話。**

請養成習慣，在發送消息給對方前，謹慎思考一下，究竟用電話還是用網路聯絡比較好？近年來由於科技進步，大多是以電子郵件、簡訊，甚至即時通訊軟體作為溝通的管道。這些通訊工具很方便，隨時隨地都能送出重要的訊息。不過，訊息往返之際，往往缺少一份人情味。

不管是電子郵件還是即時通訊，都無法將口氣傳遞給對方，因此容易造成誤會。所以，在透過網路聯絡時，請別忘了釋出更多禮節與關懷。

常見狀況

宴會招待信：「參加或不參加，請在截止日期前告知。」

宴會過後，有人來信質問：「為什麼沒有邀請我啊？」

體貼回答

像這樣個別聯繫和確認的工作，是宴會主辦者必須肩負的重任。

「雖然先前已經與您聯繫過，不知道您是否會參加本次宴會呢？」

用電子郵件聯繫，卻不慎惹惱客戶時？

▼好習慣⑩：別過度依賴網路，多一點貼心舉動

雖然電子郵件是很便捷的工具，但誤用會導致莫大的失敗。就宴會招待信而言，寄出信件後，收到信的十人當中有九人會回覆「參加」。但是，在宴會過後

的數日，當初沒回覆的那個人抗議被遺漏，於是產生了問題。即使主辦者有千百種理由，也不見得能夠澆熄對方的怒火。

一般來說，確認「對方是否收到通知」，是理所當然該做的事。如果認為「已寄出信件，沒收到回信也無所謂」，這種想法和作法本身就有問題。

最近為了避免麻煩，通常會在信件下方加註：「如未在截止日期前告知參加與否，將視為不克參加。」這樣的備註，其實缺乏對他人的諒解與關懷，甚至是種冒犯。

不過，要是親口告訴對方：「當天不克前來也沒關係，我先把你放到願意參加那邊」，或是「無法參加，請人代替出席也不要緊」。也許就能顧及雙方的狀況，來決定相關事宜。

若是沒得到回應，則以**「您意下如何？」**來個別確認。回覆「已確認」信函時，要加上**「萬分感謝您」**。即使是轉達多麼不重要的事，千萬不要忘了寫上一句**「謝謝」**。

在每封信中多花點時間關懷他人，將使冰冷的信函充滿溫情。無論溝通形式如何物換星移，誠摯付出的關懷都能夠拉近心與心的距離，豐富人際關係。最後，我們彼此勉勵，期許自己能夠藉由關懷他人的話語，建構出精采的人際關係與璀璨的人生。

關鍵時刻的 10 個好習慣

- **好習慣1**　**出現突發狀況時？**
  傾注更多的關心與情感到話語中。
- **好習慣2**　**陷入主觀看法時？**
  換個角度思考，看見事物的不同面貌。
- **好習慣3**　**想要批評、責備時？**
  堂堂正正地詢問，避免不必要的誤解。
- **好習慣4**　**與他人初次見面時？**
  仔細觀察，培養能看透對方的「洞察力」。
- **好習慣5**　**和不同立場的人溝通時？**
  透過交流與商討，磨練對話技巧。
- **好習慣6**　**只有幾秒就得提出答案時？**
  從報章雜誌或廣告標語，鍛鍊表達能力。
- **好習慣7**　**面對 QA 問答或面試時？**
  透過事前練習，記住要點，說出重點。
- **好習慣8**　**電話、書信交流卡卡時？**
  直接交流，能更了解對方。
- **好習慣9**　**電子郵件的內容讓人誤會時？**
  詳細說明原委，簡單據實以告。
- **好習慣10**　**用電子郵件聯繫，不慎惹惱客戶時？**
  不過度依賴網路，誠摯付出關懷。

※此表格為編輯部自行整理。

附錄

你是話術高手嗎？
測驗一下吧！

※附錄為編輯部自行整理。

請從選項當中，勾選出較為體貼或聰明的回答。最後，統計答對的數目，看看你是修練有成的話術高手，還是壞習慣根深柢固的白目！

【範例】

上司：「聽說明天降雨機率有八〇%耶！」

☐A：「啊，是喔。」

☑B：「最近真的常常下雨呢！明天要記得帶傘了！」

☐C：「可是我早上看天氣預報，說明天是大晴天耶！」

答案：B（請見第16頁說明）

Q1

講師：「（拿著黑筆）這邊有一支藍筆。」

□A：「那是黑色吧！」

□B：「那是藍色嗎？」

□C：「不是鉛筆喔？」

Q2

部長：「今天你想說什麼就放膽說，不用顧慮我啦！」

□A：「真的嗎？我覺得部長的想法太古板了啦！應該要……。」

□B：「唉唷，我以前就一直覺得，部長好有男子氣概喔！還有……。」

□C：「嗯，這樣說可能有些冒昧，還請您多多見諒。我覺得……。」

Q3

主管：「欸，下個活動的預定行程是什麼？」

□A：「請等一下，我去確認會議紀錄後再向您報告。」

□B：「嗯？上次會議中，最後的行程不是您自己決定的嗎？」

□C：「會議紀錄就放在那邊的書架上喔。」

Q4

課長：「今天好冷喔。」

□A：「會嗎？比昨天溫暖了耶。」

□B：「不過，好像比昨天溫暖一點耶。」

□C：「是啊。不過，好像比昨天溫暖一點耶。」

Q5

主辦人：「請問您會參加今天的聚會嗎？」

□A：「都說我很忙啦，沒空去。」

□B：「不好意思，我真的很想參加，但今天實在忙到抽不出時間。」

□C：「不會耶，有什麼事嗎？之前就說過沒空了啊！」

Q6

組長：「整合這些資料很花時間呢。」

□A：「對啊，不過只要大家一起努力，很快就能完工的。」

□B：「對啊……。」

□C：「對啊，你也知道喔。」

Q7

前輩：「我的興趣是看電影，大概一個月會去電影院看四部！」

□A：「不好意思，我對電影完全沒有研究。」

□B：「是喔！不好意思，我看過的電影不多，最近有哪些熱門電影？」

□C：「好意外啊！我以為你是個放假都不出門的宅男耶！」

Q8

客戶：「請問關於上週提案的信件，什麼時候才能收到？」

□A：「前陣子應該已經寄出確認信件，我這邊還留有寄件備份，請問有需要再寄一次嗎？」

□B：「咦？我們這邊有寄件備份，是您那邊的系統出了什麼問題嗎？還是您要提供其他能確實收到信的郵件地址呢？」

□C：「真是非常抱歉。雖然已經以信件通知，不過這個案子非常重要，為了避免意外，我會再次致電向您確認。」

Q9

部屬：「為什麼這份企劃案會被否決呢？」

□ A：「部長說不行，所以也沒辦法啊！」

□ B：「我也覺得這個提案相當不錯。不過，據部長表示，目前公司的營運狀況，暫時無法負擔這份優秀提案的預算。等到情勢好轉，就是你表現的機會了。」

□ C：「你覺得咧？」

Q10

同事：「你剛才是不是有事找我？」

□ A：「是的，不好意思，其實我有一個不情之請……。」

□ B：「對啊，想叫你幫個忙，反正你很閒嘛！」

□ C：「喔喔，現在沒事了，你可以走了。」

解答欄

①B（請見第018頁說明）

②C（請見第020頁說明）

③A（請見第029頁說明）

④C（請見第084頁說明）

⑤B（請見第116頁說明）

⑥A（請見第137頁說明）

⑦B（請見第163頁說明）

⑧C（請見第183頁說明）

⑨B（請見第193頁說明）

⑩A（請見第202頁說明）

測驗結果

★答對 10 題：

恭喜！你是不折不扣的話術高手！

★答對 6~9 題

還有進步空間！請注意一些零星的小地雷，再接再厲！

★答對 0~5 題

小心！你可能成為白目中的白目，請從本書第一頁重新修行！

國家圖書館出版品預行編目(CIP)資料

回話的態度：爭執、回答不清，是因爲「太熟」，還是不經思考的「壞習慣」／櫻井弘作；林佑純譯. -- 三版. -- 新北市：大樂文化有限公司,
2023.03
240面；14.8×21公分. --（優渥叢書 Business：088）

ISBN 978-626-7148-36-5（平裝）
1. 說話藝術　2. 人際關係
192.32　　111020027

Business 088

回話的態度（暢銷限定版）

爭執、回答不清，是因為「太熟」，還是不經思考的「壞習慣」

（原書名：回話的態度）

作　　者／櫻井弘
譯　　者／林佑純
封面設計／江慧雯
內頁排版／思 思
責任編輯／陳珮筑
主　　編／皮海屏
發行專員／鄭羽希
財務經理／陳碧蘭
發行經理／高世權、呂和儒
總編輯、總經理／蔡連壽
出 版 者／大樂文化有限公司（優渥誌）
　　地址：新北市板橋區文化路一段268號18樓之1
　　電話：（02）2258-3656
　　傳真：（02）2258-3660
　　詢問購書相關資訊請洽：（02）2258-3656
　　郵政劃撥帳號／50211045　戶名／大樂文化有限公司

香港發行／豐達出版發行有限公司
　　地址：香港柴灣永泰道70號柴灣工業城2期1805室
　　電話：852-2172 6513　傳真：852-2172 4355

法律顧問／第一國際法律事務所余淑杏
印　　刷／韋懋實業有限公司

出版日期／2016年04月18日一版
　　2023年03月20日暢銷限定版
定　　價／300 元（缺頁或損毀，請寄回更換）
I S B N　978-626-7148-36-5